A. Mayer

Der Kampf um das Dasein der Seele

Allgemein verständlich dargestellt

A. Mayer

Der Kampf um das Dasein der Seele
Allgemein verständlich dargestellt

ISBN/EAN: 9783743413917

Hergestellt in Europa, USA, Kanada, Australien, Japan

Cover: Foto ©Thomas Meinert / pixelio.de

Manufactured and distributed by brebook publishing software (www.brebook.com)

A. Mayer

Der Kampf um das Dasein der Seele

Der Kampf um das Dasein der Seele.

Allgemein verständlich dargestellt.

> On peut assez longtemps, chez notre espèce,
> Fermer la porte à la raison.
> Mais dès qu'elle entre avec adresse,
> Elle reste dans la maison,
> Et bientôt elle en est maîtresse.
> **Voltaire.**

Von

Dr. med. A. Mayer

in Mainz.

Mainz 1879.
Verlag von J. Diemer.

Der Kampf um das Dasein der Seele.

Allgemein verständlich dargestellt.

> On peut assez longtemps, chez notre espèce,
> Fermer la porte à la raison.
> Mais dès qu'elle entre avec adresse,
> Elle reste dans la maison,
> Et bientôt elle en est maîtresse.
> Voltaire.

Von

Dr. med. A. Mayer

in Mainz.

Mainz 1879.
Verlag von J. Diemer.

Vorwort.

Die Veranlassung zu dieser Arbeit findet der Leser in der Einleitung. Daselbst ist auch der Grund angegeben, daß, um den unrichtigen Ansichten Anderer mit Erfolg zu begegnen, für ein gesichertes Fundament gesorgt werden müsse. Obgleich ich mich dabei der möglichsten Kürze beflissen habe, so gestaltete sich dennoch der Umfang schon so beträchtlich, daß ihre ursprüngliche Bestimmung für eine Zeitschrift ungeeignet wurde. Dazu kam noch, daß einige Zeit nach vorläufigem Abschluß derselben G. Jäger eine neue Abhandlung: „Die Entdeckung der Seele" veröffentlichte, welche den Verdacht einer Mystification nicht mehr aufkommen ließ, aber gerade deßwegen eine eingehende Prüfung verlangte.

Während nun Philosophen, Psychologen und Andere bei ihren Theorien über die „Seele" sich meistens in leeren Abstractionen ergehen, unbekümmert darum, ob die geschaffenen Begriffe Realität besitzen, oder nicht, tritt Jäger zum ersten Male mit einer Lehre auf, wonach die Seele aus eigenthümlichen Stoffen bestehen soll! Wird dorten gleichsam Alles zur Bedeutungslosigkeit verflüchtigt, so hier zur Unkenntlichkeit materialisirt, wenn der Ausdruck erlaubt ist. Die Voraussetzung von Stoffen als treibenden Agentien ohne deren Nachweis erscheint ebenso verwerflich, wie die Bildung von Begriffen, welche nicht durch Anschauungen belegt werden können. Der Naturforscher namentlich sollte sich hüten, mit lauter unbekann-

ten Größen zu rechnen, d. h. gewissen flüchtigen Zersetzungs=
producten eine Bedeutung beizulegen, welche ihnen unmöglich
zukommt, selbst wenn deren Eigenthümlichkeiten genau dargethan
wären. Wie ein mittelst reger Phantasie erspeculirtes Wesen
dadurch keine Existenz erlangt, daß man ihm bestimmte Attri=
bute zu= oder abspricht, ebenso wenig dürfen Stoffe wegen eigen=
thümlicher Affection gewisser Sinnesorgane als wesentliche
Factoren bei den Thätigkeiten des centralen Nervensystems
gelten, noch weniger ist eine Annahme von Stoffen wie „Angst=
stoff", „Delirienstoff" u. s. w. berechtigt.

Der Leser wird hoffentlich die volle Ueberzeugung gewin=
nen, daß die von verschiedenen Seiten gemachten Versuche, ein
besonderes Wesen zu beweisen, den Weg zur Wahrheit verfehlt
haben und verfehlen mußten, sowie folgerecht auch davon, daß
der eingenommene physiologische Standpunkt allein dazu geeig=
net ist, die ganze, über jeden Zweifel erhabene Wahrheit zu
liefern. —

Beim Studium der Geschichte der Wissenschaften begegnet
uns die merkwürdige und zugleich traurige Erscheinung, welche
den redlichen Forscher mit Wehmuth erfüllt, nämlich die, daß
jede wichtige Entdeckung, dazu geeignet, die Untersuchung in
neue Bahnen zu lenken, von allen Seiten heftige Angriffe er=
fährt, während Irrlehren zahlreiche Anhänger finden. Derar=
tige Beispiele gibt es in Hülle und Fülle, begnügen wir uns
mit der Anführung einzelner aus einigen Wissenschaften.

Die Entdeckung des Kreislaufs des Blutes durch Harvey
— um zunächst bei der Heilkunde resp. der Physiologie zu ver=
weilen — wurde anfangs vielfach und lebhaft bekämpft, und
doch konnte jeder durch Wiederholung der Versuche, worauf die
Entdeckung gegründet war, sich sofort von deren unumstößlicher
Richtigkeit überzeugen. Im Gegensatze hierzu wurde das ober=
flächliche und mangelhafte System Brown's von vielen Seiten
mit großem Beifall aufgenommen; von anderen höchst einseitigen
und irrigen Systemen und Doctrinen wie z. B. Hahnemann's

unsterblicher Narrheit, der Rabemacherei u. s. w. — gar nicht zu sprechen.

Das Gleiche lehrt uns die Geschichte der Astronomie. War doch sogar der scharfe Beobachter Tycho de Brahe unter den Gegnern des Copernicus.

Fassen wir das uns hier speciell beschäftigende Thema in das Auge, so mag es genügen, folgende Thatsachen hervorzuheben und gegenüber zu stellen. Die Vorrede zur 1. Auflage von Kant's „Kritik der reinen Vernunft", batirt vom März 1781. In diesem Werke findet sich eine gründliche Widerlegung der rationalen Psychologie, woraus mit Bestimmtheit hervorgeht, daß die bis dahin zugelassene dogmatische Annahme einer Seele nicht die geringste Berechtigung hat. Die in unseren Tagen noch unternommenen Versuche und aufgebotenen Anstrengungen, ein solches Wesen darzuthun, illustriren am Besten, wie schwer bisweilen die längst gefundene Wahrheit einen alten eingewurzelten Irrthum zu verdrängen vermag. Diese Erscheinung gestaltet sich um so betrübender, wenn man erwägt, daß nahezu ein volles Jahrhundert seitdem verflossen ist, ein Jahrhundert, reich an gewaltigen welterschütternden Ereignissen, tief greifenden socialen Veränderungen, reich endlich an großartigen Entdeckungen im Gebiete der Physiologie und Biologie. — Sollte Jemand den Einwand erheben, daß das angeführte Beispiel nicht ganz zutreffe, da Kant auch die Voraussetzung einer Seele gestattet habe, so diene ihm zur Entgegnung, daß das eine seiner praktischen Concessionen war, wodurch der richtige, die Wissenschaft vertretende Beweis nicht das Geringste an Schärfe und Giltigkeit verliert. Als Glaubensartikel dürfte die Annahme einer Seele auch heute noch unangefochten bleiben, wenn sie auch im Lichte der kritischen Philosophie und besonders der geläuterten Physiologie längst unhaltbar geworden ist.

Zum Glücke läßt sich aus derselben Quelle, woraus wir die angeführten Beispiele geschöpft haben, auch die Ueberzeugung gewinnen, daß die Wahrheit immer, wenn auch oft spät, siegreich aus dem Kampfe hervorgegangen ist. Diese Thatsache gewährt Trost und Erhebung, wodurch der zuerst hervorgehobene niederschlagende Effect wieder theilweise aufgehoben wird.

Wenn diese Schrift dazu beiträgt, die allgemeine Anerkennung der monistischen Lehre zu beschleunigen, so halte ich mich für die darauf verwandte Mühe reichlich belohnt.

Mainz, im März 1879.

Dr. Mayer.

Inhaltsübersicht.

	Seite
Vorwort	III—VI
Einleitung	1— 4

I. . . . . . Von Seite 5—28

Verschiedene Kräfte in der unorganischen Natur durch Beispiele erläutert. — Die Kräfte von ihren Trägern untrennbar. — Unterschied zwischen **Spannkraft** und **lebendiger Kraft**. — Gesetz der Erhaltung der Kraft. — Nothwendigkeit der Annahme eigenthümlicher Kräfte für die Lebenserscheinungen. — Characteristische das Lebendige von dem Leblosen unterscheidende Merkmale. Die für die Lebenserscheinungen vorausgesetzten Kräfte nicht zu verwechseln mit der früher angenommenen **Lebenskraft**. — Die aufgestellte Ansicht gegen Preyer eingehend vertheidigt. — **Entstehung** der niederen Lebewesen gleichfalls discutirt.

II. . . . . Von Seite 28—94

Haeckel's Arbeit kurz besprochen. — Die von Carriere aufgestellte Alternative ausführlich geprüft und unzulässig gefunden. — Furcht vor den Folgen der monistischen Erkenntnißlehre vollkommen unbegründet. — Strafbare Handlungen mit Unrecht auf Rechnung der sog. materialistischen Lehre gebracht. — Weiterer Gegensatz zwischen Naturkräften und eigener Kraft und Wesenheit einer **Seele** ebenso falsch. — Unrichtiger Gebrauch von **Ursache**. — Die Cellen der Großhirnrinde vermitteln nicht bloß die sog. Seelenthätigkeiten, wie Carriere meint, sondern vollbringen sie selbst. — Der Vergleich der von Haeckel aufgestellten Centralseele mit der von Leibnitz angenommenen Centralmonade nicht zuzugeben. — Carriere's Erklärung des Zustandekommens der **Empfindung** und des **Willens** nichtssagend und unrichtig. — Andere der Seele zugeschriebene Kunststücke unbegreiflich. — Die vorausgesetzte **Einheit des Bewußtseins** ist durch Thatsachen längst widerlegt. — Thatsache der Erfahrung und Denknothwendigkeit im Sinne Carriere's. **Freiheit des Willens** kurz erörtert. — Gewißheit des Selbstbewußtseins kann ebenso wenig für die Existenz eines außer den Werkzeugen vorhandenen Wesens sprechen, wie die anderen Einwände. — Die gesteigerte Entwicklung in der Thierwelt wird von Carriere theilweise mißverstanden. —

G. Jäger's Arbeit: „Der todte Punkt in der Zoologie" hieße richtiger: „der dunkle oder unbekannte Punkt" und ist wohl nicht ernst zu nehmen. Carriere's Kritik ist theilweise berechtigt ohne zur Erledigung der hier in Betracht kommenden Hauptfrage etwas beizutragen . . . 56

Jäger's neuere Abhandlung: „die Entdeckung der Seele" ausführlich geprüft 59

Unter den zu seiner Unterstützung erwähnten Autoren erweisen sich die von O. Flügel gegen die monistische Erkenntnißlehre wiederholten Einwände ganz bedeutungslos 82

Die von Joh. Huber geltend gemachten Gründe für das Dasein eines außer den Organen vorhandenen Wesens erscheinen ebenso hinfällig 88

Schlußbemerkungen 90

Einleitung.

Unter dem Titel: „Der Kampf um das Dasein der Seele" hat M. Carriere unlängst in den Beilagen zur „Augsb. Allg. Ztg." (Nr. 220 u. 221, 1878) einen Artikel in die Oeffentlichkeit gebracht, der wiederholt zeigt, mit welcher fast unvertilgbaren Zähigkeit einerseits der Irrthum haftet, und wie schwer andererseits die begründetste Wahrheit Eingang findet. Da ich nun selbst über denselben Gegenstand mehrfach das Wort genommen und ganz entgegengesetzte Ergebnisse erhalten habe, so halte ich mich für verpflichtet, obgleich — oder gerade weil — Carriere mich nicht nennt, auf diesem Wege den von mir eingeschlagenen Weg der Forschung wie deren Resultate einem gebildeten Kreise von Lesern gleichfalls vorzulegen. Die im Vorworte zu einem vor einiger Zeit von mir erschienenen Werke*) ausgesprochene und wohlberechtigte Hoffnung, daß die monistische Erkenntnißlehre bald die auf Vorurtheilen beruhende dualistische verdrängen werde, muß ich zwar jetzt noch in vollem Umfange aufrecht halten, aber den Zeitpunkt, in dem sie zur allgemeinen Anerkennung gelangen wird, noch etwas hinausschieben, da ein Mann von dem Geiste und den Kenntnissen Carriere's noch unter den Gegnern auftritt und die gesammte gebildete Welt davon überzeugen will, daß das Aufgeben einer Seele als besonderen Wesens zum Ruin der Menschheit führen müsse.

---

*) Die Lehre von der Erkenntniß. Vom physiologischen Standpunkt allgemein verständlich dargestellt. Leipzig 1874. Th. Thomas.

Es ist gut, aber auch sehr bezeichnend, daß Carriere sofort eine Alternative an die Spitze gestellt hat, weil dadurch nicht der geringste Zweifel über die Absicht bleibt, welcher der ganze Artikel seinen Ursprung verdankt. Bisher stand der Grundsatz fest und wird auch in Zukunft unerschütterlich feststehen, daß bei jeder Untersuchung die Wahrheit das Maßgebende und Bestimmende sein muß, gleichgiltig ob das sich ergebende Resultat mit alten Traditionen übereinstimmt oder nicht. Denn darüber kann und wird doch bei Niemandem ein Zweifel aufkommen, daß überall das Unbewiesene dem Bewiesenen, das Irrige dem Wahren weichen muß. Wenn nun durch die richtige Verwerthung unzähliger Thatsachen unwiderleglich erwiesen wird, daß die dualistische Erkenntnißlehre der monistischen gegenüber so unhaltbar geworden ist, wie die alte Lehre vom Feststehen der Erde gegen das Copernicanische System, so versteht es sich doch ganz einfach von selbst, daß die Ethik auf ganz andere Weise begründet werden muß, als bisher. Man darf aber nicht den umgekehrten Weg einschlagen und behaupten: weil die Ergebnisse der Physiologie oder Biologie der neueren Zeit mit den alten Annahmen, worauf die Ethik gebaut ist, sich nicht vertragen, deßhalb müssen jene verworfen werden, mit anderen Worten: die Wissenschaft muß umkehren. Daß das ebenso wenig möglich ist, wie ein Himmelskörper eine andere, als die ihm nothwendig angewiesene Bahn einschlägt, bedarf doch wohl keiner weiteren Ausführung.

Carriere leitet seinen Artikel mit folgenden Worten ein: „Ob wir ein Haufwerk von Atomen sind, die durch den Mechanismus ihrer Bewegung die Lebenserscheinungen wie die Gedanken hervorbringen, oder ob ein reales, denk- und willensfähiges Wesen der Träger der idealen Welt in uns ist, ob dies zugleich das Organisationsprincip des Leibes ist, oder neben demselben und doch mittelst desselben waltet — diese Frage ist für die Wissenschaft wie für das Leben die allerwichtigste." — Ich gebe zu, daß diese Frage von hoher Wichtigkeit, leugne aber entschieden, daß sie richtig gestellt ist. Man kann nicht nur, ja man muß einräumen, daß ein Haufen zusammengewürfelter Atome an und für sich nicht die Fähigkeit besitzt, die gewöhnlichen Lebenserscheinungen sowohl, wie insbesondere die Erkenntniß hervorzubringen, ohne in das entgegengesetzte Extrem zu verfallen, ein Wesen mit den genannten Eigenschaften vorauszusetzen, für dessen Vorhandensein auch nicht der entfernteste sichere Anhaltspunkt vorliegt. Auch der niederste lebensfähige und belebte Keim muß Lebensfähigkeit und Leben einbüßen, sobald er auf seine atomistische Zusammensetzung geprüft wird. Der Biologe hat es überall mit Molecülen von bestimmter Form zu thun, deren Inhalt gleichfalls in bestimmter und complexerer Zusammensetzung, einem beständigen Wechsel unterliegt. Das Atom, besser Volumelement, ist der gedachte kleinste Theil eines einfachen Stoffes, während das Molecül das kleinste Partikelchen eines zusammengesetzten Körpers ausmacht. Die Wiederholung der von Naturforschern allgemein festgehaltenen Bedeutung der genannten Kunstausdrücke zeigt schon genügend, daß die von Carriere aufgestellte Alternative unmöglich richtig sein kann, indem er sämmtliche Lebenserscheinungen nur durch die Bewegung von Atomen zu Stande kommen lassen will. Allerdings läßt sich durch den Mechanismus der Bewegung von Atomen keine genügende Erklärung der untergeordnetsten Lebenserscheinung, um so weniger der vollkommeneren geben; aber auch kein denkender Biologe findet sich durch eine solche sein sollende Erklärung befriedigt.

Nach einer Richtung hat jedoch Carriere, wenn auch weit das Ziel überschossen, den wunden Fleck, gleichsam die Achillesferse vieler Biologen getroffen, die für das lebendige Geschehen durchaus keine eigenthümlichen Kräfte gelten lassen, sondern sämmtliche Lebenserscheinungen nur durch die in der unorganischen Natur waltenden Kräfte erklären wollen. Freilich darf das Leugnen solcher Kräfte mit dem bloßen Mechanismus der Bewegung von Atomen nicht für identisch gelten und ganz speciell hat ihm die zunächst besprochene Arbeit von Haeckel*) keine Veranlassung zu einer solchen Fassung des Gegensatzes gegeben: denn dieser spricht darin nicht von Atomen, sondern nur von Zellseelen bis herab zu Plastidulesceelen.

Um nun nicht bloßen Behauptungen andere Behauptungen gegenüber zu stellen, sondern durch Vorführung gesicherter Thatsachen den Leser in den Stand zu setzen, sich selbst ein Urtheil zu bilden, muß ich etwas weiter ausholen. Zunächst bedarf es einer eingehenden Erörterung über das Verhältniß der Kraft zu ihrem Träger oder der Kräfte zu ihren Trägern. Nach Erledigung dieser Vorfrage wird es darauf ankommen festzustellen, ob für die Erklärung der Lebenserscheinungen eigenthümliche, von den Kräften in der todten Natur verschiedene Kräfte vorauszusetzen sind. Hierin haben sich wirklich einige sonst tüchtige Forscher, wie bereits angedeutet, ein Versehen zu Schulden kommen lassen, indem sie sich hartnäckig weigern, für die eigenthümlichen Leistungen auch des niedersten belebten Keimes eigenthümliche Leistungsfähigkeiten, d. h. Kräfte, anzuerkennen. Dadurch haben sie die Brücke zerstört, welche zum richtigen Verständniß der Leistungen des Erkenntnißapparates hinüber leitet, und stehen, wenn sie in ihrer Erklärung der übrigen Verrichtungen höherer Organismen bis zu einem gewissen Punkte gelangt sind, ganz rathlos da, sobald es gilt, die Funktionen des Gehirnes und der Sinneswerkzeuge richtig zu erklären. Auf diese Weise werden sie zu von ihnen selbst so sehr perhorrescirten metaphysischen Hypothesen gedrängt und verwickeln sich in unlösbare Widersprüche. Nach Darlegung des richtigen Sachverhalts wird sich ergeben, daß die zur Erklärung des Falles der Körper vorausgesetzte Schwerkraft, wobei sich der Naturforscher beruhigt, ein ebenso großes Räthsel enthält, wie die Annahme einer Kraft zur Erklärung der complicirtesten Thätigkeit der vollkommensten Organismen.

---

*) Zellseelen und Seelenzellen. Von Ernst Haeckel. Deutsche Rundschau. Juli 1878.

I.

Beginnen wir unsere vorläufige Erörterung mit einigen Beispielen. — Ein ohne Unterstützung gelassener Körper fällt, wie allgemein bekannt, zur Erde. Die dem Körper innewohnende Eigenschaft, sich gerade so und nicht anders zu verhalten, nimmt man an, ohne zu wissen woher und warum er sie besitzt. Auch denkt man nicht etwa dabei, daß die genannte Eigenschaft, Schwerkraft, von ihrem Träger, dem Körper, trennbar, für sich der Existenz fähig sei und nur im Momente der Wirksamkeit sich mit ihm verbinde, sondern man nimmt dem wirklichen Sachverhalt gemäß an, daß die Kraft nur mit dem Körper vorhanden, überall und immer sich äußert, sobald die Bedingungen dazu gegeben sind, also im vorliegenden Falle, sobald die Unterstützung des Körpers fehlt. Die Unwissenheit über das letzte Wie und Warum der Schwerkraft bildet jedem weiteren Vordringen in dieser Richtung eine unübersteigliche Grenze; dennoch aber wurde dadurch die Ermittelung der Fallgesetze nicht verhindert.

Untersucht man denselben Körper, z. B. einen Stein, auf seine chemische Zusammensetzung, so werden die Verhältnisse schon verwickelter, jedoch ist es den Fortschritten der Wissenschaft im Laufe der Jahrhunderte gelungen, die Zerlegung eines Körpers in seine einzelnen Bestandtheile ganz genau zu bewerkstelligen, mit anderen Worten: die darin enthaltenen, bis jetzt einfachen Elementarstoffe kennen zu lernen. Jeder in diesen Dingen nicht ganz Unkundige weiß, daß die Kraft oder Eigenschaft, vermöge welcher ein Stoff unter bestimmten Umständen einen anderen austreibt, bei veränderten Umständen selbst ausgetrieben wird, chemische Wahlverwandtschaft oder Affinität heißt. Die strengsten Anforderungen der Wissenschaft erheben keine Ansprüche darauf zu ergründen, warum unter bekannten Verhältnissen diese Verbindungen und Trennungen vor sich gehen, sondern beschränken sich darauf, das thatsächliche Verhalten so genau wie möglich kennen zu lernen. Auch hier hat die Unwissenheit über das letzte Warum die überraschenden Fortschritte der Scheide- und Zusammensetzungskunst nicht gehindert, im Gegentheile kann jeder Tag neue Entdeckungen bringen, die ihrerseits die Keime zu weiteren die kühnsten Hoffnungen übersteigenden Fortschritten enthalten.

Andere Kräfte setzt der Physiker voraus, wenn er verschiedene Körper auf ihre **Cohäsion**, **Abhäsion** oder **Elastizität** prüft. Fassen wir ferner die merkwürdigen Erscheinungen in das Auge, daß geriebener Bernstein leichte Körper, der Magnet Eisen anzieht, so sind wir durch das eigenthümliche Verhalten genöthigt, Kräfte oder Eigenschaften vorauszusetzen, die sich von den bis jetzt betrachteten, den Körpern inhärirenden Kräften scharf unterscheiden. Ob die zur Erklärung der erst genannten Erscheinung angenommene **elektrische Kraft** oder **Elektrizität** ganz mit dem **Galvanismus** identificirt werden darf, soll hier nicht näher untersucht werden; der **Magnetismus** ist jedenfalls eine wegen seiner Eigenthümlichkeit von der Elektrizität verschiedene Kraft.

Durch die vorgeführten Beispiele sollte nur gezeigt werden, daß die mannigfaltigen Erscheinungen in der unorganischen Natur zur Voraussetzung verschiedener Kräfte nöthigen. Man würde sich lächerlich machen, wenn man z. B. die Schwere durch Elektrizität, die Cohäsion durch Magnetismus, die Affinität durch Elastizität u. s. w. erklären wollte. Man muß ebenso viele Kräfte als den Körpern inhärirende und von ihnen untrennbare Eigenschaften voraussetzen, wie durch die Untersuchung bis jetzt nöthig geworden; ja sollte es in Zukunft durch neue Methoden gelingen, noch andere bis jetzt unbekannte Eigenschaften der Körper aufzufinden, so müßte man diese auch besonders benennen.

Es erhellt hieraus, was von der vielen Naturforschern der neueren Zeit geläufigen Behauptung zu halten ist, es gebe nur eine einzige Kraft oder Urkraft, welche sich unter verschiedenen Bedingungen verschieden äußere. Gerade das Gegentheil ist richtig: die Fortschritte der Wissenschaft verlangen vielmehr ein strenges Auseinanderhalten der verschiedenen Leistungsfähigkeiten d. h. Kräfte, und sprechen entschieden gegen das Verschmelzen verschiedener Kräfte. Wie im Laufe von über zwei Jahrtausenden es der Wissenschaft gelungen ist, die 4 Elemente auf 66 zu bringen, wie die Zahl der Elementarstoffe noch nicht als abgeschlossen betrachtet werden darf, so bleibt auch die Möglichkeit nicht ausgeschlossen, daß in diesen oder den bekannten einfachen Stoffen neue Eigenschaften entdeckt werden, folglich die Zahl der Kräfte eher vermehrt als vermindert werden muß. Ohne die Discussion hierüber weiter fortzusetzen, darf als unwiderlegliches Resultat festgehalten werden, daß für die Erklärung der bis jetzt bekannten Erscheinungen in der unorganischen Natur die Annahme verschiedener Kräfte unbedingtes Erforderniß bleibt.

Zur Ergänzung vorstehender Bemerkungen über die Bedeutung des in Physik und Chemie gebräuchlichen Ausdruckes „Kraft" sei noch hinzugefügt, daß man ebenso wohl das Streben eine Veränderung in dem Zustande der Körper hervorzubringen, wie die eingetretene Veränderung selbst Kraft nennt, und zwar im ersteren Sinne Spannkraft oder die Fähigkeit zur Leistung, im letzteren lebendige Kraft oder Triebkraft, d. h. die Leistung selbst. Einige Beispiele mögen die Unterschiede passend erläutern. Wird eine Uhrfeder in Spannung gebracht, was beim Aufziehen der Uhr geschieht, so sucht sie vermöge der ihr innewohnenden Kraft, der Elasticität, sich auszudehnen und leistet dadurch wirklich eine Arbeit, äußert eine Triebkraft. Die Anstrengung der Handmuskeln, welche das Aufziehen der Uhr erfordert, stellt die Triebkraft dar, um die Feder zur Aeußerung ihrer Kraft geschickt zu machen. Das Aufziehen der Uhr ist active Arbeit, wobei lebendige Kraft in Spannkraft verwandelt wird, während die sich wieder ausdehnende Feder passive Arbeit vollbringt, indem eine Umsetzung der Spannkraft in Triebkraft erfolgt. Ganz dasselbe Verhältniß zeigt sich, wenn das bei gewöhnlicher Temperatur flüssige Wasser in Dampf verwandelt wird, nur mit dem Unterschiede, daß hier die Wärme das leistet, was dort die menschliche Hand, und überdies bei der Verbrennung des Heizmaterials ein chemischer Proceß, die Verbindung des Kohlenstoffes mit Sauerstoff zu Kohlensäure, vorhergegangen ist. Der durch Ausdehnung der Dämpfe erzeugte Druck treibt irgend eine Maschine und äußert eine lebendige Kraft. Das dahinströmende Wasser, die bewegte Luft setzen ein Räderwerk in Bewegung und erzeugen gleichfalls vermöge der ihnen zukommenden Spannkräfte Arbeitsleistungen oder Triebkräfte.

Die genaue Durchschauung dieser Verhältnisse, die Zugrundelegung einer **Krafteinheit** (das Pfund 1 Fuß oder das Kilogramm 1 Meter hoch zu heben) hat in der neueren Zeit zur Formulirung eines Gesetzes geführt, das für alle mechanischen Vorrichtungen von der Wichtigkeit geworden ist, wie die Entdeckung des Compasses für die Schifffahrt. Daß hiermit **das Gesetz von der Erhaltung der Kraft** oder der sich stets gleichbleibenden Quantität der Kraft in der Natur gemeint ist — bedarf kaum einer ausdrücklichen Angabe. Deutsche und englische Forscher haben ungefähr gleichzeitig um die Aufstellung dieses Gesetzes sich große Verdienste erworben, und die Namen: J. R. Mayer (leider im Laufe d. J. 1878 gestorben), Helmholtz, Joule und Tyndall werden, so lange die Wissenschaft dauert, stets mit Achtung genannt werden. Eigentlich ist das genannte Gesetz nur ein Corollarium von dem der Unvergänglichkeit der Materie und bleibt es merkwürdig, daß erst in der Gegenwart beide Gesetze klar erkannt wurden, obgleich schon in grauer Vorzeit z. B. Demokrit bestimmt die Unvergänglichkeit der Materie gelehrt hat. Nach der gewöhnlichen Ansicht sollen beide Gesetze rein **durch** die Erfahrung gefunden sein, namentlich soll die Ermittelung der Unsterblichkeit der Materie der Waage ihren Ursprung verdanken. Wäre das richtig, so hätte unmöglich der Philosoph von Abdera es schon vor länger als zweitausend Jahren aufstellen können, da bekanntlich die Erfahrungswissenschaften zu jener Zeit sehr dürftig bestellt waren. In der Natur der Erfahrung liegt es eben, daß sie unvollendbar ist und noch so weit fortgeschritten, stets unvollendet bleiben wird. Erst in Folge der unerschütterlichen Ueberzeugung von der Unzerstörbarkeit auch nur des kleinsten Partikelchens wägen wir. Daß wir uns nicht den geringsten Verlust der Materie denken können, muß daher, wie hier nicht näher ausgeführt werden kann, auf einer besonderen Einrichtung des menschlichen Erkenntnißapparates beruhen. Ganz genau so verhält es sich mit dem Gesetze der Erhaltung der Kraft: an vielen Beispielen ist bereits erwiesen, daß ebenso viele zu Grunde gelegten Krafteinheiten bei einer Arbeitsleistung verschwinden, wie bei einer anderen eintreten, an noch zahlreicheren wird man es später darthun, aber in allen und überall davon den Nachweis zu liefern, liegt, wie leicht einzusehen, außer dem Bereiche der Möglichkeit. Dessen ungeachtet besteht nicht der geringste Zweifel an der Allgemeingiltigkeit des Gesetzes.

Der in zahlreichen Einzelfällen geführte Nachweis, daß auf der einen Seite so viel Bewegung gewonnen wird, wie auf der anderen verloren geht, hat wohl dazu geführt Kraft mit Bewegung zu identificiren und weiter zu folgern: es gebe nur eine einzige Kraft. Das ist aber, wie bereits angegeben, falsch. Aus der sich stets an Quantität gleichbleibenden Kraft oder Bewegung folgt keineswegs, daß auch jede Kraft oder Bewegung mit der anderen identisch und nur eine einzige in allen Erscheinungen vorhanden sei. Bleibt auch nichts dagegen zu erinnern, wenn man Kraft im Allgemeinen als Bewegung definirt, so muß doch festgehalten werden, daß es verschiedene Bewegungen in verschiedenen Erscheinungen gibt und das eigenthümliche Verhalten einer Erscheinung nur durch Voraussetzung einer eigenthümlichen Kraft erklärt werden kann, also die Behauptung, es gebe nur eine Kraft auf Irrthum beruht.

Das Resultat vorstehender Erörterung muß man sich gegenwärtig halten zur Entscheidung der noch vielfach discutirten Frage: ob für die Erklärung der Lebenserscheinungen auch besondere Kräfte zu statuiren seien, selbstverständlich in demselben Sinne, in welchem die mannigfaltigen Erscheinungen der leblosen Natur durch Annahme verschiedener Kräfte erklärt werden. Bei weitem die Mehrzahl der jetzigen Biologen und Physiologen vertheidigt die Ansicht, daß die in Physik und Chemie der leblosen Natur waltenden Kräfte zur Erklärung der Phänomene des Lebens genügen, während nur die Minderheit die Annahme eigenthümlicher Kräfte zu dem Ende für geboten hält. Erstere müssen aber bekennen, daß gewisse Verrichtungen des Nervensystems durch Physik und Chemie unerklärbar und unverständlich bleiben, weßhalb sie zu anderen unerlaubten Hypothesen zu flüchten genöthigt sind. Die bedeutenden Fortschritte der Physiologie, erzielt durch Anwendung der in Physik und Chemie gebräuchlichen Methoden, haben zu dem übereilten Schlusse geführt, sämmtliche Lebenserscheinungen seien nur physikalisch-chemische Processe, die sich höchstens durch ihre größere Complicirtheit von denen der unorganischen Natur unterscheiden sollen. Obgleich nun hierin in dem Geschehen der leblosen und lebendigen Natur wirklich keine wesentliche Differenz besteht, so werden wir doch sehen, daß zwischen dem niedersten Lebewesen und den complicirtesten Mechanismen charakteristische Unterschiede beobachtet werden, welche, ganz im Einklange mit dem bei der Erforschung der unorganischen Processe eingehaltenen Verfahren, zur Voraussetzung besonderer Spannkräfte zwingen.

Welche sind nun diese charakteristischen Unterscheidungsmerkmale? — Bei den höher entwickelten Organismen sind sie leicht aufzufinden und in die Augen fallend; sie kommen aber auch den niedersten Lebewesen zu, die noch der eigentlichen Organe entbehren. Das einfachste Protoplasmaklümpchen — hier von dessen Entstehung ganz abgesehen — nimmt aus seiner Umgebung einfacher zusammengesetzte Stoffe auf, verwandelt sie theilweise in complexere Zusammensetzungen, gibt andere an seine Umgebung zurück, wächst bis zu einem gewissen Grade, vermehrt sich durch einfache Theilung und zerfällt nach einer gewissen Zeit wieder in die einfacheren Verbindungen, woraus es hervorgegangen. Die durch Theilung entstandenen jungen Lebewesen, den ursprünglichen ähnlich, tragen die Fähigkeit in sich, denselben Proceß zu durchlaufen und überdies die, unter günstigen, bis jetzt freilich noch unbekannten Bedingungen sich zu vervollkommenen. Offenbar liegt in diesem Vorgange etwas, was sich durch keine der für die Erklärung der Erscheinungen in der leblosen Natur angenommenen Kräfte begreifen läßt, daher die Nöthigung, eine eigenthümliche Leistungsfähigkeit für das Zustandekommen des eigenthümlichen Geschehens vorauszusetzen, wenn man sich auch noch so sehr dagegen sträubt. Noch auffallender wird diese Nöthigung, wenn wir Lebewesen auf einer höheren Stufe betrachten, die anstatt aus einer homogenen Masse zu bestehen, wie die vorhergehenden, eine Celle ausmachen, also schon differente Theile enthalten. Solche ein=cellige Geschöpfe ernähren sich gleichfalls durch Aufnahme einfacher combinirter Stoffe in ihr Inneres, verwandeln sie in complexere Zusammensetzungen, vermehren sich durch Theilung u. s. w., um endlich wieder zu zerfallen. Etwas weiter aufwärts bestehen die immer noch sehr niederen Lebewesen aus mehrfachen, wenn auch noch unter sich ähnlichen Cellen. Allmälig differenziren sich die Cellen, es entstehen verschiedene Organe und die damit versehenen Individuen verdienen erst mit Recht den Namen Organismen. Die Lebensbedingungen gestalten sich schon bei dieser Reihe von Geschöpfen mannigfaltiger, ebenso ist die Fortpflanzung nicht mehr so einfach.

Für gebildete Leser hieße es wohl Eulen nach Athen tragen, die Stufenleiter der organischen Gebilde im Pflanzen= und Thierreich ausführlich darzustellen, wenn auch hier nur zu einer Skizze (eine solche findet sich in dem oben citirten Werke) Raum vorhanden wäre, weßhalb wir uns noch auf einige allgemeine Bemerkungen beschränken wollen. — Auf einer wenig umfangreichen Stelle Landes gedeihen Pflanzen von höchst mannigfaltigen Eigenschaften, obgleich dieselben Bedingungen zum Keimen,

Wachsthum und zur Entwickelung bis zur Reife für alle gleich vorhanden sind. Die Einen enthalten gute Nahrung, die Anderen heftige Gifte, von der Verschiedenheit in Gestalt, Farbe und sonstigen Qualitäten ganz abgesehen. Der allergeringste Theil dieser Differenzen läßt sich durch die Verschiedenheit der chemischen Verbindungen in Samen, Sprossen ꝛc., woraus sie hervorgegangen, begreifen: denn nach ihrem natürlichen Zerfall oder ihrer Zerstörung zeigen sie in ihren Elementen fast gleiche chemische Zusammensetzung. Es muß demnach das die große Mannigfaltigkeit bedingende Etwas in einer anderen Eigenschaft gesucht werden, als in den Kräften der unorganischen Natur allein. Noch auffallender tritt dasselbe Verhältniß an den Tag, wenn wir die Entwickelung eines befruchteten Eies beobachten. Aus einer einfachen Eicelle bildet sich in einem gewissen Zeitraume, freilich unter sehr complicirten Bedingungen, nachdem der Same die Anregung dazu gegeben, ein lebensfähiges, den zeugenden Aeltern ähnliches Wesen, das nach einer mehr oder minder längeren Frist selbst wieder Zeugungsfähigkeit erlangt. Es gehört wirklich eine große Genügsamkeit dazu, diesen äußerst verwickelten Hergang bloß durch physikalisch-chemische Kräfte, wie solche in der unorganischen Natur vorkommen, erklären zu wollen. Man kann der Schwierigkeit nicht entgehen durch die allgemeine Redensart: es liege bei der Befruchtung und Entwickelung des Eies eine Bewegung vor, wie bei anderen Vorgängen. Es hilft nichts; man muß eine Eigenthümlichkeit in der Bewegung bei diesen Hergängen zugestehen, wie solche anderen Bewegungen nicht zukommt, mit anderen Worten: hier eine **eigenthümliche Spannkraft** voraussetzen, verschieden von den Spannkräften in den Erscheinungen der unorganischen Natur. —

Das charakteristische Unterscheidungszeichen alles Lebendigen dem Unbelebten gegenüber läßt sich kurz dahin angeben, daß in **jedem belebten Gebilde die Form das Wesentliche**, und für eine gewisse Zeit in einem gewissen Grade **Beharrende** ausmacht, während der Inhalt beständig wechselt. Dazu kommt, wie oben schon angedeutet, daß dem untersten lebendigen Keime zu gleicher Zeit die Fähigkeit inhärirt, seine Form zu vervollkommenen.

Mit der Annahme eigenthümlicher Leistungsfähigkeiten der organischen Gebilde soll nicht entfernt behauptet werden, daß die Gesetze der Physik, wie solche in der unorganischen Natur gelten, dabei die geringste Ausnahme erleiden, denn es sind eben Gesetze, die nirgends und nimmer, wie etwa die Regeln, Ausnahmen gestatten. Das Verhalten gegen Temperaturunterschiede, mechanische Einwirkungen, den Druck der Atmosphäre, die Mechanik der Bewegungen, die Haarröhrchenattraction, Ex- und Endosmose, die elektrischen Verhältnisse, die Brechung der Lichtstrahlen in den durchsichtigen Medien des Auges u. s. w. u. s. w. — sind sämmtlich physikalische Hergänge, die sich in derselben Weise bei den Organismen wiederholen, wie sie auch in der unorganischen Natur vorkommen. Der Unterschied besteht nur darin, daß in letzterer das Material, an welchem die Erscheinungen vor sich gehen, dauerhaft, während das Material der Organismen großen Veränderungen unterworfen ist. —

Ebenso wenig kann die chemische Wahlverwandtschaft in den Lebenserscheinungen eine Veränderung erfahren. Ueberall, wo ein Stoff zu einem anderen größere Affinität besitzt, wird er sich mit ihm verbinden, in einer Retorte sowohl, wie in einer sehr zusammengesetzten organischen Flüssigkeit oder einem Gewebe der verschiedenen Lebewesen. Daß die chemischen Verbindungen in der organischen Natur meistens ternär und quaternär, oft noch complexer, in der leblosen binär vorkommen, soll nicht einmal besonders betont werden; denn darin besteht wirklich kein wesentlicher Unterschied. Aber die Pflanzencellen componiren aus den einfacheren Verbindungen der unorganischen Natur Stoffe, deren Zusammensetzung bis jetzt der Kunst der Chemiker getrotzt hat. Außerdem entzieht sich noch eine große Reihe chemischer Processe in den Organismen der genaueren Kenntniß der vollendetesten Scheide- resp. Zusammensetzungskunst, wenn auch geringe Anfänge in dieser Richtung, namentlich viele Kohlenwasserstoffverbindungen künstlich darzustellen, bereits gelungen sind, deren Zusammensetzung man früher nur organischen Wesen für möglich hielt. — —

Mit der obigen Angabe der charakteristischen Merkmale aller Lebewesen soll selbstverständlich nicht behauptet werden, daß der stets wechselnde **Inhalt** beim Beharren der Form gleichgiltig sei. Auch die Zusammensetzung der organischen Gebilde bietet eine Eigenthümlichkeit dar, wie sie in der unorganischen Natur nirgends beobachtet wird. Bekanntlich ist es eine kohlenstoffhaltige Eiweißverbindung, woraus die belebten Formen bestehen. Sollen die lebendigen Organe zu ihren Verrichtungen geschickt bleiben, so haben sie das Ernährungsmaterial in bestimmter Zusammensetzung nöthig. Die angegebenen Unterscheidungszeichen der Lebenserscheinungen von den Erscheinungen der leblosen Natur müssen sonach dahin ergänzt werden, daß die eigenthümliche und — innerhalb der bezeichneten Beschränkung — **beharrende Form des eigenthümlichen, wenn auch wechselnden Inhalts** bedarf. —

Jeder Unbefangene muß durch vorstehende kurze Erörterung die Ueberzeugung gewinnen, daß auch die niedersten Lebewesen Leistungsfähigkeiten besitzen, welche in der todten Natur nicht vorkommen, folglich durch die in letzterer vorausgesetzten Kräfte unerklärbar bleiben. Wie nun der Naturforscher sich nicht scheut, zur Erklärung verschiedener Erscheinungen auch verschiedene Kräfte in der unorganischen Natur vorauszusetzen, ebenso muß er, wenn er nicht auf alle Consequenz verzichten will, für die eigenthümlichen Erscheinungen des Lebens eigenthümliche Kräfte annehmen. Wie dort die Kräfte nicht als besondere, von ihren Trägern trennbare Wesen betrachtet werden, ebenso wenig denkt er daran, es hier zu thun. Weit entfernt also, daß die monistische Auffassung des Lebens die Annahme von eigenthümlichen Kräften verbietet, welche den Lebewesen inhäriren und sie zu ihren Leistungen befähigen, erfordert sie solche vielmehr. Mit derselben

Ruhe, mit welcher Physiker und Chemiker bei der Schwerkraft, elektrischen Kraft, Affinität u. s. w. stehen bleiben, ohne ihre Untersuchungen über das Fallgesetz, die elektrischen Erscheinungen, chemischen Verbindungen u. s. w. aufzugeben oder auch nur zu beschränken, ebenso können die Biologen die, wenn auch compli= cirteren Lebenserscheinungen weiter verfolgen, ohne sich durch Voraussetzung eigenthümlicher Kräfte aufhalten zu lassen. Selbst= verständlich darf man nicht zu früh bei solchen Kräften stehen bleiben, wenn man nicht gegen die in der Naturforschung über= haupt richtige Methode verstoßen will. Bei Vermeidung dieses Fehlers erscheint es deßhalb ganz correct, schon für die eigen= thümliche Leistung eines Moners auch eine eigenthümliche Kraft anzunehmen, ferner für die sehr differenten Leistungen der eigen= thümlich gebauten und zusammengesetzten Cellen, Organe, Muskeln, Nerven, des Gehirnes, seiner verschie= denen Partien, der Sinneswerkzeuge u. s. w. ebenso eigenthümliche Spannkräfte zu statuiren. —

Trotz des sonnenklaren, zweifellosen Sachverhalts wird es doch nicht überflüssig sein, die Gründe zu untersuchen, warum die Mehrzahl der Biologen und Physiologen die Voraussetzung besonderer und zwar von denen in der unorganischen Natur ver= schiedener Kräfte in den Verrichtungen lebender Wesen so ent= schieden perhorrescirt. Es wird sich ergeben, daß meistens nur Mißverständnisse zu Grunde liegen, wodurch sich das ableh= nende Verhalten der Biologen gegen die Annahme eigenthüm= licher Kräfte zur Erklärung des eigenthümlichen Geschehens in der lebendigen Natur zwar entschuldigen, aber durchaus nicht rechtfertigen läßt.

Die Annahme einer Lebenskraft im Sinne der älteren Physiologie erweist sich aus mehrfachen Gründen unzulässig. Eine solche Kraft sollte den ursächlichen Zusammenhang in den Erscheinungen lebender Wesen aufzuheben im Stande sein. Darin liegt freilich gegen eine angeborene, nothwendige Denkform eine Versündigung, die sich nur durch den niederen Stand der Er=

kenntnißlehre jener Zeit erklären läßt. Alles Geschehen, worin es auch bestehen möge, vom einfachsten und deßhalb leicht zu verfolgenden Hergange in der unorganischen Natur bis zum aus sorgfältiger Ueberlegung hervorgegangenen Handeln des vernünftigen Menschen unterliegt der eisernen Nothwendigkeit der Causalität. Von diesem Fehler, die Lebensthätigkeiten von dem causalen Verhältniß zu eximiren, hält sich die von mir befolgte Darstellung der Eigenthümlichkeiten des Lebens nicht nur frei, sondern sie läßt die Verschiedenheit der ursächlichen Verknüpfung noch deutlicher hervortreten. In den Hergängen der unorganischen Natur zeigt sich das Verhältniß der Ursache zur Wirkung einfacher, die Wirkung läßt sich, namentlich im Gebiete der Mechanik, aus der Ursache messen oder berechnen; weßhalb man auch dabei auf das Gesetz der Erhaltung der Kraft gekommen ist. In der organischen Welt dagegen stellt sich das Causalverhältniß viel verwickelter dar: ein geringer Reiz als Ursache hat eine Wirkung zur Folge, so ex- und intensiv, daß bisweilen der ursächliche Zusammenhang sehr schwer nachweisbar wird, besonders bei vollkommenen Organismen mit sehr differenten Werkzeugen. Einzelne oder viele Mittelglieder der Causalkette bleiben verborgen, nur das Anfangs- und Endglied läßt sich direkt beobachten. Wenn nun letzteres von ersterem sich manchmal so sehr unterscheidet, so braucht man nicht darüber zu staunen, daß man vor der Erforschung des causalen Zusammenhanges der complicirteren Lebenserscheinungen überhaupt zurückschreckte, ein unentwirrbares Netz darin erblickend und das Unbekannte durch Hypothesen überbrückend. Obgleich nun die Verfolgung von Ursachen zu Wirkungen in der organischen Welt schwieriger wird, so kann doch die Nothwendigkeit zwischen diesen und jenen nicht leiden. Dieses festgehalten, dürfen die Ursachen, welche das Wachsthum und die Ernährung der Pflanzen und Thiere bewirken, auch Reize genannt werden, während die Ursachen im engeren Sinne für das Eintreten der Veränderungen in der unorganischen Natur reservirt bleiben mögen. Bei den Reizen ist immer noch eine Berührung, zum großen Theile selbst eine Aufnahme in das Innere der Gewebe nöthig, um die Wirkungen hervorzubringen. Dagegen brauchen die Motive, welche die Bewegungen der Thiere und Menschen regeln, nur wahrgenommen zu werden, um zu wirken, die Nothwendigkeit aber erfährt dabei gleichfalls keine Ausnahme. Motive sind nur durch die Erkenntniß gegangene Ursachen, welche bei gegebener Beschaffenheit der Individuen bei jeder Handlung den Ausschlag geben. Die Freiheit, welche der Mensch hierin zu besitzen wähnt, erweist sich nur als Schein; denn nach getroffener Wahl muß die Handlung so nothwendig erfolgen, wie eine gestoßene Billardkugel nach einer bestimmten Richtung verlaufen muß. Man verwechselt „Willkühr," d. h. die Wahl der Motive, mit „Freiheit des Willens," d. h. die Fähigkeit sich nach Belieben in ganz entgegengesetzter Richtung zu entscheiden, wenn man die Handlungen des Menschen von der Nothwendigkeit des Causalnexus befreit glaubt. —

Ein fernerer Fehler, welcher bei der Annahme einer Lebenskraft früher begangen wurde, liegt darin, daß man sie als ein mystisches, immaterielles Agens ansah, das wie ein Deus ex machina auftauchen, das Leben beherrschen und sich wieder als selbstständiges Wesen von den belebten Individuen trennen sollte, wodurch diese sterben u. s. w. Daß gegen eine solche verkehrte, mit allen Thatsachen in grellem Widerspruche stehende Ansicht die neuere biologische Forschung sich erhob, läßt sich leicht begreifen; nur ist diese, wie das oft zu geschehen pflegt, in ihrem Radicalismus zu weit gegangen, indem sie den Lebenserscheinungen gar keine Eigenthümlichkeiten zugestand, die sie von den Phänomenen der unbelebten Natur unterscheiden. Während also die Verwerfung einer Lebenskraft in früherem, d. h. in dualistischem Sinne, gewissermaßen einen Fortschritt angebahnt, hat sie von der anderen Seite einen Fehler begangen in der Verwerfung der Annahme von Lebenskräften in monistischem Sinne, wie hinlänglich gezeigt. —

Kurz wiederholt soll mit der Voraussetzung von eigenthümlichen Spannkräften, verschieden von solchen in der leblosen Natur, zur Erklärung vieler Lebenserscheinungen weder das Gesetz der Causalität, noch das der Erhaltung der Kraft aufgehoben, noch den vorausgesetzten Kräften besondere Existenz zugeschrieben, noch endlich beim Entstehen der niederen Lebewesen ihnen irgend ein Antheil zuerkannt werden; sondern die Kräfte, welche bei den eigenthümlichen Leistungen der Lebewesen als verschieden von den Leistungen in der todten Natur in die Erscheinung treten, sollen nur als besondere Eigenthümlichkeiten Anerkennung finden. Daß aber diese Eigenthümlichkeiten der Kräfte ganz von der eigenthümlichen Form und Zusammensetzung der lebendigen Gebilde abhängen — ist bereits angegeben.

Obgleich ich schon wiederholt und zuletzt in dem oben citirten Werke eingehend dieses Thema besprochen habe, so scheint doch nur ausnahmsweise den Physiologen etwas davon zur Kenntniß gekommen zu sein. Wenigstens muß ich so annehmen nach den unlängst von Preyer (Kosmos, Jahrg. I, Heft 5 u. 9) erschienenen Aufsätzen; und doch war es gerade dieser Physiologe, dessen Schrift: „Ueber die Erforschung des Lebens" — ich (l. c.) unter Anderen einer ausführlichen Kritik unterzogen und nachgewiesen habe, daß die Verwerfung besonderer Kräfte zur Erklärung der Lebenserscheinungen nicht gerechtfertigt erscheint. Es dürfte sonach zur Klärung des richtigen Sachverhalts dienen, die von Preyer ausgesprochenen Ansichten nochmals kurz zu prüfen.

Schon in der Einleitung der eben citirten Schrift bekennt Preyer, daß die Mechanik allein zur Erklärung aller Lebenserscheinungen nicht genüge. Nachdem er meisterhaft die nothwendigen äußeren Lebensbedingungen dargestellt, die Elementarstoffe, woraus alle Lebewesen zusammengesetzt sind, nachgewiesen, muß er weiter bekennen, daß die Chemie das zu Erklärende nicht leisten könne. Aus der Thatsache, daß eincellige Wesen und Cytoden bis zu einem gewissen Grade theilbar sind, ohne daß die einzelnen Theile ihre Lebensfähigkeit und Fortentwickelung einbüßen, schließt er ganz richtig, daß man auf die einfachsten Lebensformen, das Protoplasma, zurückgehen müsse, um den Lebensproceß zu verstehen. — Ganz damit einverstanden; aber gerade deßhalb muß man, wie genügend dargethan, für die besondere Leistungsfähigkeit des Protoplasma's auch eine Eigenthümlichkeit anerkennen, wovon sich in der unbelebten Natur nichts findet. — Preyer bringt nun eine Reihe höchst interessanter und lehrreicher Thatsachen bei, wodurch die Lebenskraft, im früheren Sinne wenigstens, auf immer unhaltbar geworden sei. Durch die Wiederbelebung ausgetrockneter, erfrorener, luftfreier, nahrungsloser Thiere und Pflanzen und Eier und Samen aus den verschiedensten Classen von Lebewesen soll die Unzulässigkeit einer Lebenskraft mit Sicherheit folgen. — Was hieraus mit Sicherheit folgt, besteht darin, daß die Annahme einer Lebenskraft im früheren, dualistischen, Sinne unzulässig ist, daß aber bei den Lebenserscheinungen eigenthümliche Kräfte im monistischen Sinne nicht vorausgesetzt werden dürfen, folgt daraus keineswegs. Im Gegentheile: wenn wir genau zusehen, so ergibt sich gerade aus diesen Beispielen, wovon die Eigenthümlichkeiten der Lebenserscheinungen abhängen und weßhalb wir zur Annahme besonderer Kräfte dabei gezwungen sind.

Oben wurde mit Entschiedenheit betont, daß die vorausgesetzten Spannkräfte in der organischen Natur nicht von ihren Trägern getrennt für existenzfähig gehalten werden dürfen. Hiermit ist die Annahme einer Lebenskraft im dualistischen Sinne schon verurtheilt. Der Gedanke, daß eine Lebenskraft die Erscheinungen des Lebens hervorrufe oder wenigstens begleite und durch Verlassen ihrer Träger diese todt zurücklasse, enthält eine ebenso große Monstrosität, wie der, daß die Schwerkraft erst im Momente des Falles sich zu einem Körper geselle und dann wieder entweiche. Wenn man den Lebewesen für ihre eigenthümlichen Leistungen eigenthümliche Kräfte zuschreibt, so muß man die Bedingungen nachweisen, unter welchen sie ihre Fähigkeiten behaupten und verlieren. Wenn z. B. ein durch Kälte todt scheinender Frosch durch vorsichtiges Aufthauen wieder zum Leben gebracht werden kann, so haben die Organe in ihrer Form und Zusammensetzung noch so keine tiefe Veränderung erlitten, daß Athmung, Circulation, Aufnahme von Nahrung u. s. w. nicht wieder beginnen könnte. Nur der überaus träge Stoffwechsel dieser und ähnlicher schon mit differenten Organen versehener Geschöpfe macht es möglich, daß das Wechselspiel des Lebens überhaupt eine so lange Unterbrechung erträgt. Eine etwas weiter gediehene Erstarrung oder eine geringere Behutsamkeit bei der Erwärmung vereitelt die Wiederbelebung: die Organe büßen ihre bisherige Form und Zusammensetzung und damit ihre eigenthümlichen Leistungsfähigkeiten und Leistungen ein, die Formen zerfallen und die Stoffe, woraus sie aufgebaut sind, gruppiren sich in anderer und zwar einfacherer Weise. Die Gesetze der Mechanik, Physik und Chemie machen sich auch hier geltend; Niemand wird aber behaupten wollen, daß ein faulender Frosch noch dieselben Kräfte bewahre, wie ein lebender und muß deßhalb zugeben, daß das Leben selbst auf der niedersten Stufe von dem Unbelebten in der oben erörterten Weise sich unterscheidet. Sogar das winzigste Stückchen einer getheilten Cytode, das sich wieder zu einer Cytode gestaltet, muß noch eine Eigenthümlichkeit bewahrt haben, wie solche dem Molecül der unorganischen Natur nicht zukommt. Bei der Theilung der Cytoden in Stückchen, die noch Lebens- und Entwickelungsfähigkeit besitzen, tritt bald eine Grenze ein, während die Theilung der unorganischen Moleciüe erst eine Grenze findet, wo die mechanischen Hilfsmittel dazu fehlen.

Die Scheidewand zwischen Lebendigem und Unbelebtem ist nach allem Dem nicht nur nicht eingerissen, wie man voreilig angenommen hat, sondern sie ruht auf festem, durch Thatsachen begründetem Boden. Erkennt man diese Wahrheit, so hat man nicht nöthig, vor gewissen Verrichtungen des Nervensystems als vor unauflösbaren Räthseln stehen zu bleiben und zwischen organische Vorrichtungen und Functionen ein Etwas zu schieben, dessen Existenz nach allen Regeln der Naturforschung und Biologie nicht zugegeben werden darf. — Wie alle Physiologen, welche in den Lebenserscheinungen keine eigenthümlichen Kräfte anerkennen, muß auch Preyer Ausnahmen gestatten und nennt das Empfinden, Wollen und Vorstellen, in seiner späteren Arbeit (Ueber den Lebensbegriff) noch das Entstehen der Lebewesen als Erscheinungen, welche sich der mechanischen Erklärung nach den Gesetzen der Physik und Chemie nicht fügen wollen. Das Entstehen des Lebens gehört eigentlich in das Gebiet der Metaphysik und behalten wir uns vor, später noch kurz darauf zurückzukommen. Dagegen nimmt die Physiologie die anderen genannten Thätigkeiten ganz und gar in Beschlag, ohne sich darum zu kümmern, daß die Psychologen eine besondere Wissenschaft daraus machen wollen. Durch die Behauptung, das Leben stelle nur einen complicirteren chemisch-physikalischen Proceß dar, haben sich die Physiologen den Weg zum richtigen Verständniß der Thätigkeiten des höher entwickelten Nervensystems selbst verlegt. Daß aber diese Voraussetzung falsch ist, haben wir bereits an anderen Lebenserscheinungen gefunden.

Preyer ist ein zu klarer Kopf, um nicht einzusehen, daß nicht sämmtliche Lebenserscheinungen durch physikalisch-chemische Processe erklärt werden können, hat aber den richtigen Ausweg verfehlt, wie deutlich aus der gestellten Alternative hervorgeht: es müßten entweder die zur Erklärung der Lebensvorgänge zur Anwendung kommenden Grundsätze aus Physik und Chemie umgeändert werden, oder man komme auf die Immanenz eines Lebensprincips zurück, das neben den Mechanismen die Lebensmaschine im Gange halte. — Man darf nicht nur, sondern man muß anerkennen, daß für die Erklärung vieler Lebensprocesse Physik und Chemie nicht ausreichen, man muß ferner anerkennen, daß die Annahme eines Lebensprincips in dem angegebenen Sinne die Thatsachen gegen sich hat, sonach unstatthaft ist, ohne deßhalb auf einen richtigen Ausweg zu verzichten. Das Dilemma besteht also in Wirklichkeit nicht und Alles, was daraus gefolgert wird, erweist sich als hinfällig. Unter den von Preyer gebrauchten Argumenten darf vorerst das eine Argument, das Leben habe immer bestanden, ganz unberücksichtigt bleiben; denn das ist eine sehr unwahrscheinliche und kaum erlaubte Hypothese. Den Begriff des Lebens und der Materie in der vorgeschlagenen Weise zu ändern, namentlich den todten Massen Empfindungsvermögen zuzuschreiben, erscheint ganz unstatthaft. Daß lebende Wesen aus denselben Elementarstoffen zusammengesetzt sind, wie sie in der todten Natur vorkommen, daß es sonach keinen besonderen Lebensstoff gibt, ist richtig; daraus folgt aber nicht entfernt, daß diese Stoffe in den in der todten Natur vorkommenden Verbindungen dieselben Eigenschaften besitzen, wie in den Verbindungen der Lebewesen. Ein einziges Volumelement irgend eines einfachen Stoffes mehr oder weniger ändert die Eigenschaften eines Körpers total. Damit ein organisches Gebilde der Empfindung fähig wird, bedarf es überdies und hauptsächlich außer der eigenthümlichen Zusammensetzung noch der besonderen Form. —

Im Laufe der Darstellung läßt Preyer mehrere Behauptungen einfließen, die schwer oder gar nicht mit einander in Einklang zu bringen sind, z. B.: „Zur Erklärung des Lebens sind Physik und Chemie nicht nur nothwendig, sondern auch ausreichend." Auf der folgenden Seite heißt es dagegen: „Die Empfindung (wozu auch sämmtliche psychische Funktionen gerechnet werden) hat mit den Eigenschaften der Materie und der Körper nichts zu thun, ist völlig ursprünglich, entsteht nirgends, wo wir nur todte Massen nach den Regeln der Physik und Chemie — auf einander wirken lassen. —" Es ist gar nicht einzusehen, warum Empfindung und Alles, was damit zusammenhängt, vom Leben ausgeschlossen werden soll. Auch die höchsten Thätigkeiten des vollkommensten Erkenntnißapparates sind Lebenserscheinungen, wenn auch complicirtere und innere. Physik und Chemie ist folglich zur Erklärung des gesammten Lebens nicht ausreichend. Hält man dieses fest, so wird man nicht zu der irrigen Behauptung gedrängt, die Empfindung für etwas **völlig Ursprüngliches** zu erklären, sondern man gelangt ganz consequent zu der richtigen Ansicht, daß Empfindung womit die gesammte Erkenntniß beginnt, eine Verrichtung der eigenthümlich gebauten und eigenthümlich zusammengesetzten Organe ausmacht, wie jede andere Lebenserscheinung von der Eigenthümlichkeit des Apparates abhängt, an welchem sie vor sich geht. Wiederholt zeigt sich hier, daß die aufgestellte Alternative unrichtig ist. Befolgt man dagegen die in der vorausgeschickten Erörterung begründete Maxime, in dem niedersten Lebenskeime eine Kraft anzuerkennen, wie solche in der unbelebten Natur nicht vorkommt, so bietet die Erklärung der vollkommensten Lebenserscheinungen, der Erkenntniß, kein größeres Räthsel dar, als die Theilung eines Protoplasmaklümpchens, der Fall der Körper u. s. w. Nicht **dorten** beginnt erst das Räthsel, sondern es ist auch hier schon vorhanden, wenn auch viel weniger verdeckt und verwickelt. Die den Lebewesen zukommenden eigenthümlichen Kräfte sucht man aber nicht **außerhalb** der Organismen, Organe, einfachen belebten Keime u. s. w., sondern betrachtet sie als **in ihnen liegend**, d. h. ihnen inhärirend, wie man auch die Schwerkraft nicht außerhalb der Körper sucht. —

Ganz richtig hebt Preyer hervor, daß nur Körper, nicht Stoffe, nur Individuen und deren Theile leben, nicht aber die Materie; ferner daß Empfindung nur belebten Individuen zukommen könne, während Empfindungsvermögen aller Materie anhafte. Letzterer Zusatz, der mehrfach wiederholt wird und den Begriff der Materie erweitern soll, erweist sich dagegen als völlig unrichtig. Empfindungsvermögen und Empfindung stehen in demselben Verhältniß zu einander, wie die Leistungsfähigkeit zur Leistung oder wie die Spannkraft zur lebendigen Kraft. Haben daher todte Massen keine Empfindung, so entbehren sie auch des Empfindungsvermögens und umgekehrt. Sind zum Leben und zur Empfindung Individuen und bei höherer Entwickelung bestimmte Organe nöthig, so kann sich auch nur an solche ein Empfindungsvermögen knüpfen. Will man nicht völlig heterogene Erscheinungen confundiren, so darf man den unbelebten Massen ebenso wenig Empfindungsvermögen, wie Empfindung zuschreiben. Zum Leben wie zum Empfinden bedarf es der eigenthümlichen Form und Zusammensetzung, wie genügend gezeigt. Nicht **Empfindungsvermögen** kommt den unbelebten Massen, Körpern, Stoffen zu, sondern **Reactionsvermögen**, wodurch sie ihr eigenthümliches Verhalten anderen gegenüber zu erkennen geben. —

Werfen wir nunmehr auf die von Preyer gegebenen Ansichten über die Urzeugung 2c. (Kosmos I, H. 5) noch einen Blick, so können wir auch hier nicht überall beistimmen.

In meinem im Eingange citirten Werke habe ich die **Entstehung** des Lebens nur kurz behandelt, da eine Untersuchung hierüber nicht in das Gebiet der Physiologie, sondern das der Metaphysik gehört und bei metaphysischen Untersuchungen nichts Positives zu Tage gefördert wird. Speciell wurde auf die Ansichten zweier Philosophen hingewiesen, nämlich Schopenhauer's und E. v. Hartmann's, wobei sich ergab, daß, so schwungvoll auch Ersterer den **Willen zum Leben** darstellt, dadurch das zu Erklärende nicht geliefert, und das erspekulirte **Unbewußte** des Letzteren, das überall da herangezogen wird, wo die Erfahrung aufhört, dabei das Ueberflüssigste auf der Welt ist. Diese Beispiele wurden nur beigebracht, um zu zeigen, daß die Metaphysik überhaupt nichts zu leisten vermag, daß man aber, wenn man mit gesicherten Thatsachen nicht in Conflict gerathen will, die Urzeugung oder Entstehung der Lebewesen aus Unbelebtem annehmen müsse. Wenn nun Preyer die aufgebotenen Bemühungen, künstlich ein lebendes Wesen hervorzubringen, mit der Construction des Perpetuum mobile auf gleiche Linie setzt, so kann ich ihm hierin nicht ganz beipflichten. Je schwieriger die Aufgabe, desto größer der Triumph des Gelingens, wenn es auch noch viele Generationen dauert. Darüber kann aber kein Zweifel aufkommen, und hierin hat Preyer vollkommen Recht, daß aus zerfallenden Eiweißverbindungen kein Lebewesen neu entstehen kann; denn die Aufgabe besteht ja gerade darin, belebte Eiweißverbindungen hervorzubringen, die sich ernähren, vermehren und wieder zerfallen. Diese müßten aus Mineralstoffen in die eigenthümlichen Verbindungen übergeführt werden, die alsdann der weiteren Entwickelung fähig würden. Da uns aber die Bedingungen, unter welchen ursprünglich die neuen Verbindungen aus den einfacheren hervorgegangen und zur Fortbildung geschickt geworden sind, gänzlich unbekannt, so darf man sich allerdings über das Gelingen derartiger Versuche keinen Illusionen hingeben. Bis jetzt sind wir auch nicht im Stande, Diamanten von gleicher Qualität mit den in der Natur vorgefundenen darzustellen, ebenso wenig Felsblöcke u. s. w., obgleich wir deren chemische Zusammensetzung genau kennen. Daraus, daß die Experimente noch nicht gelungen sind, darf man dem Gelingen überhaupt nicht die Möglichkeit absprechen wie dem der Construction eines Perpetuum mobile. —

Aus der Kritik Preyer's gegen die Vertheidiger der Urzeugung sei nur Einzelnes hervorgehoben. — Was zunächst den Zöllner vorgehaltenen starken Widerspruch betrifft, so muß dagegen bemerkt werden, daß Preyer den Ausdruck „spontan" zu wörtlich auffaßt. Spontan oder freiwillig soll nicht heißen „ohne Ursache", sondern „ohne Aeltern". Wenn man daher von spontaner Entstehung lebender Wesen spricht, so will man damit sagen, daß sie nicht auf gewöhnliche Weise von ähnlichen Wesen abstammen, sondern ihren Ursprung bis jetzt unbekannten Ursachen verdanken. Der Ausdruck ist zwar nicht ganz correct, aber das Causalitätsgesetz nicht entfernt dabei geopfert. — Virchow, der in demselben Jahre in einem Werke die Urzeugung verlangt, in einem anderen verwirft, kann wohl zu seiner Entschuldigung geltend machen, daß er in ersterem vom Leben im Allgemeinen, in letzterem von der Anatomie und Physiologie hoch entwickelter Organismen handelte, bei denen sich nur Cellen aus Cellen bilden u. s. w. —

Gegen die zuerst von H. E. Richter vorgetragene, später von Thomson und Helmholtz wiederholte Hypothese, daß fertige Zellen aus dem Weltraume vermittelst der Aërolithen und Weltwinde auf die Erde gelangt seien, erhebt Preyer mit Recht den übrigens nahe liegenden Einwand, daß damit die Frage nur vertagt, nicht aber beantwortet sei. Es muß wirklich in hohem Grade auffallen, daß er sich dieses Einwandes nicht erinnert gegen seine eigene Hypothese, wornach das Leben von Ewigkeit her, wenn auch in anderer Form existirt haben soll. Das für einen Augenblick angenommen, aber nicht zugegeben, so muß, da er selbst eine Schöpfung des Lebenden durch einen Geist oder ein immaterielles, mystisches Wesen ausschließt, das Leben irgendwo, irgendwann und irgendwie einen Anfang genommen haben, d. h. ohne von ähnlichen lebenden Wesen abzustammen entstanden sein. Es erhellt hieraus, daß der zur Widerlegung oder Verwerfung der Urzeugung aufgestellten Hypothese doch die Urzeugung zu Grunde liegt, wenn auch viel weiter hinausgeschoben. In Erwägung nun, daß wir in diesen Dingen nur einen gewissen Grad von Wahrscheinlichkeit, aber bis jetzt noch nicht Bestätigung durch die Erfahrung gewinnen können, so verdient die einfachere Hypothese den Vorzug, daß das Leben auf der Erde unter unbekannten Bedingungen seinen Anfang genommen und sich nach bestimmten Gesetzen am Leitfaden der Causalität weiter entwickelt hat bis zu dem Grade, wie es jetzt der Beobachtung vorliegt.

Mustere ich endlich die von Preyer aufgestellte Parallele*) zwischen der neuen, d. h. seiner eigenen, Auffassung und der bisherigen, so muß ich mich hinsichtlich der Autogenesis, wie auch Carneri schon gethan**), der bisherigen Auffassung anschließen. — Der die gewöhnliche Ansicht ausdrücken sollende Satz: „Das Lebendige ist aus dem Todten nach den Gesetzen der Physik und Chemie erzeugt worden" — ist nicht richtig und be-

---

*) Kosmos I, H. 9.
**) Ebendaselbst H. 12.

darf einer anderen, etwa folgender Formulirung: Die Gesetze der Physik und Chemie sind für sich nicht hinreichend, die in der todten Natur herrschenden Bewegungen in die vitale Bewegung überzuführen. Unbekannte Bedingungen müssen hinzutreten, damit gewisse Stoffe in complexerer Zusammensetzung zu einer bestimmten Form sich vereinigen, welche in sich die Fähigkeit trägt, Bestandtheile aus ihrer Umgebung in sich aufzunehmen, zu wachsen, ähnliche Formen aus sich hervorgehen zu lassen, sich vollkommener zu entwickeln und endlich wieder in die einfacheren Zusammensetzungen und andere Formen zu zerfallen. Die Gesetze der Physik und Chemie, wie solche in der unorganischen Natur walten, sind selbstverständlich bei der Urzeugung oder Entstehung der niederen Lebewesen nicht ausgeschlossen, genügen aber für sich nicht, die Umänderung in dem Geschehen hervorzurufen. Da man nicht weiß, warum die unorganischen Körper gerade diese Eigenschaften, d. h. Kräfte, und keine anderen besitzen, so darf man auch seine Unwissenheit darüber bekennen, warum das niederste Lebewesen andere Eigenthümlichkeiten besitzt, wie die todten Massen. Das letzte Wie und Warum bleibt uns ja überall ein Räthsel. Physiker und Chemiker lassen, wie schon ausgeführt, solche unbekannte Größen stehen, warum soll der Biologe sich scheuen, in den ersten Lebenserscheinungen eine unbekannte Größe anzunehmen? — Der Satz muß demnach heißen: „Das Todte war zuerst, das Lebendige ist aus ihm nach bestimmten Gesetzen erzeugt worden; man weiß aber nicht wie."

Dagegen sagt Preyer: „Das Lebende war zuerst, das Todte (Unorganische) wird nach den Gesetzen der Physik und Chemie noch jetzt nachweislich gebildet durch Lebensprocesse und ist ehedem gleichfalls so gebildet worden." — Es läßt sich allerdings nachweisen, daß nach dem Zerfallen der Lebensformen die Gesetze der Physik und Chemie, wie sie für die todte Natur gelten, wieder in ihre Rechte treten; daß aber alle todten Massen aus Lebensprocessen hervorgegangen sein sollen, muß mindestens sehr unwahrscheinlich erscheinen. Denn es läßt sich ebenso sicher nachweisen, daß Pflanzen und Thiere die viel einfacheren Verbindungen in sich aufnehmen und complexer gestalten u. s. w. Von allem Anderen abgesehen widerspricht es der Entwickelungslehre, daß das Unvollkommenere aus dem Vollkommeneren entstanden sein und fortwährend noch entstehen soll. — Ob, wie Preyer weiter behauptet, außer Thieren, Pflanzen und Protisten noch anderen Naturkörpern das Prädikat des Lebens zukommt — mag auf sich beruhen; beweisen läßt es sich nicht. — Was von der Schlußbemerkung, daß auch alle Protisten lebende Vorfahren gehabt haben sollen, zu halten ist, hat bereits oben seine Erledigung gefunden.

II.

Nachdem wir das Verhältniß der Kräfte zu ihren Trägern kennen gelernt, uns von der Nothwendigkeit der Annahme eigenthümlicher Kräfte für die Erklärung der Lebenserscheinungen überzeugt und auch über die Frage der Urzeugung unterrichtet haben, ist ein fester Standpunkt für die Behandlung der eigentlichen Aufgabe gewonnen, die uns nunmehr beschäftigen soll. Jedoch müssen noch einige Bemerkungen über Häckel's Abhandlung zur besseren Orientirung vorausgeschickt werden.

Unter den in der Einleitung aufgeworfenen Fragen: was die Seele sei, von wo sie komme, wohin sie gehe, ꝛc. — vermißt man die wichtigste Frage, nämlich die: Gibt es eine Seele? Oder mit anderen Worten: Ist es erlaubt, für gewisse Thätigkeiten vollkommener Organismen neben und außer den Werkzeugen ein besonderes Wesen vorauszusetzen, das erst die Thätigkeiten hervorbringt, nach dem Zerfallen der Organismen sich von ihnen trennt, um eine eigene Existenz zu führen u. s. w.? Die richtige Beantwortung dieser Frage hätte mehrere der anderen Fragen überflüssig gemacht. Doch sei dem wie ihm wolle; jeden=

falls hat Häckel mit den an die Spitze gestellten Fragen gezeigt, daß er das Dasein einer Seele oder von Seelen anerkennt, freilich nur dem Worte nach, während das Ergebniß seiner Untersuchung mit Bestimmtheit dazu führt, daß ein besonderes Wesen in dem angegebenen Sinne nicht existirt und nicht existiren kann. Häckel läßt sich auf eine Definition der „Beseelung" ein, findet darin die Fähigkeit des Protoplasma's, Reize verschiedener Art zu empfinden und auf diese Reize durch bestimmte Bewegungen zu reagiren. Allerdings liegt in diesen Leistungen der Keim zu den ungleich höheren Leistungen vollkommener Organismen. Kaum ist aber einzusehen, wie letztere dem Verständniß näher gebracht werden sollen, wenn die Thätigkeiten des Protoplasma's denselben Namen erhalten. Aus der Reaction solcher einfachen Lebewesen auf angebrachte Reize geht nicht entfernt hervor, daß der Reiz wirklich empfunden wird und die Reaction darauf willkührlich geschieht. Es erscheint vielmehr ungleich wahrscheinlicher, daß auf solche Weise ausgelöste Bewegungen als einfache Reizbewegungen betrachtet werden müssen. Selbst viele Bewegungen bei viel höher entwickelten und schon mit einem besonderen Nervensystem versehenen Thieren sind weit entfernt, durch wirkliche Empfindungen hervorgerufen zu sein, sondern stellen sich als bloße Reflexbewegungen dar, deren wesentliche Merkmale darin bestehen, daß sie unbewußt und unwillkührlich zu Stande kommen. Dabei geht die Erregung von in centripetaler Richtung leitenden Nerven auf untergeordnete Centra und von diesen auf centrifugal leitenden Nerven über. Erst bei den durch die Erkenntniß vermittelten Bewegungen, welche auch unterlassen werden können, sind wir sicher, daß die Reize empfunden und die Bewegungen darauf willkührlich eingeleitet werden. Bewegungen der letzteren Art haben zu dem Irrthum verleitet, der Mensch besitze einen freien Willen; wovon außer der obigen Andeutung später noch etwas ausführlicher. —

Das angegebene Verhalten bei den niedersten Lebewesen für Beseelung anzusprechen, dürfte demnach nicht zu billigen sein.

Der Tadel bezieht sich indessen nur auf den Namen, nicht auf die Sache. In letzterer Hinsicht sind die vorgeführten Beispiele aus der niederen organischen Welt recht dazu geeignet, jeden zu belehren, wie mit der Vervollkommnung und Verschiedenartigkeit der Werkzeuge auch deren Leistungen an Vollkommenheit und Mannigfaltigkeit gewinnen. Dieselbe Benennung aber, die nur für die ungleich höheren Leistungen erfunden (weil man diese bei dem niederen Stande der Wissenschaft nicht als die Thätigkeiten gewisser Werkzeuge begreifen konnte) und traditionell beibehalten wurde, auch schon den dürftigen Leistungen beizulegen, kann unmöglich zur Klärung des richtigen Sachverhalts dienen.

Außerdem müssen noch manche Sätze in Häckel's Darstellung auffallen. Dieser behauptet, die S e e l e unterliege in jedem beseelten Wesen einer zusammenhängenden Entwickelung. In solcher Weise sollte sich ein Biologe nicht ausdrücken. Wie kann man einem nur begrifflich festgestellten Etwas Entwickelung zusprechen? Die Werkzeuge, deren Leistungen man Seelenthätigkeiten nennt, entwickeln sich; von der sog. Seele läßt sich Derartiges nicht behaupten. — Fortfahrend sagt Häckel: „mindestens ein Theil der Seelenthätigkeiten ist an bestimmte körperliche Organe gebunden —; mindestens dieser Theil der Seelenerscheinungen ist also unmittelbar der Naturforschung zugänglich." Obgleich diese Beschränkung schon auf der folgenden Seite aufgehoben wird, indem er die Abhängigkeit aller Seelenthätigkeiten von den Organen annimmt, muß sie mindestens befremden. Sämmtliche Lebenserscheinungen, wie sie auch beschaffen sein mögen, gehören vor das Forum des Biologen. Wenn Metaphysiker sich nicht dabei beruhigen zu können glauben, und die in dem Erkenntnißapparate sich abspielenden Lebenserscheinungen für sich beanspruchen, so mögen sie es thun, sich aber nicht darüber wundern, wenn ihre luftigen Speculationen von den Physiologen nicht anerkannt werden. — Ist der Monismus durch Haeckel's Zugeständnisse schon bedeutend erschüttert, so wird er durch die folgenden Bemerkungen, daß damit nichts über das

Wesen der Seele, noch über die Art und Weise, wie die „Psyche" mit ihren Organen verknüpft ist, gesagt sein soll — gänzlich preisgegeben. Wenn das noch Monismus genannt werden darf, so ist kaum einzusehen, wie er sich vom Dualismus unterscheidet. Unmittelbar nach diesem Satze rügt Häckel mit kräftigen Worten den in neuester Zeit mit dem Spiritismus getriebenen Unfug. Es bleibt nur zu bedauern, daß ein Spiritist sich auf ihn berufen kann, um seine absurde Lehre zu stützen.

Die weitere Auseinandersetzung ist im Ganzen vortrefflich; nur wäre zu wünschen, daß die Ausdrücke Seelenapparat, Seelenorgan u. s. w. vermieden worden wären, da wir ja von einer Seele gar nichts wissen, sondern nur Organe und deren Verrichtungen kennen. Auch der Wille wird gleichsam von Häckel personificirt, indem er von Dienern des Willens spricht. Der Physiologe sollte nur sagen: die Erregungen setzen sich von den Centraltheilen nach dem Bewegungsapparat fort. Dadurch wird nichts präjudicirt und der Hergang leicht verständlich. — Daß bei den Verrichtungen des Nervensystems elektrische Ströme vorkommen, ist richtig, daß diese aber dabei die größte Rolle spielen sollen, bleibt mindestens zweifelhaft. Die in der Rinde und anderen Partien des Gehirnes befindlichen Cellen Seelencellen zu nennen, anstatt sie nach ihren Verrichtungen zu bezeichnen, kann durchaus nicht gebilligt werden. Mindestens ungenau ist ferner die Behauptung: die Hautcellen telegraphiren ihre Wahrnehmungen sofort an das Gehirn. Die Thatsachen erlauben nur zu sagen: die centripetal leitenden Nerven theilen die Erregungen der an der Peripherie gelegenen Gebilde dem Centrum mit, wo erst die Empfindungen und Wahrnehmungen zu Stande kommen. — Den höheren Thieren, auch Bienen und Ameisen Vernunft zuzuschreiben, kann gleichfalls nicht gebilligt werden, da die sog. geistigen Leistungen dieser Thiere hinlänglich durch Verstand als Verrichtung ihrer Nervencentra Erklärung finden. Jedoch ist das mehr die Folge der schwankenden Bezeichnungen der verschiedenen Gehirnthätigkeiten der Menschen. —

Auf die folgenden mitgetheilten äußerst lehrreichen Thatsachen näher einzugehen, sehen wir keine Veranlassung; sie werden jeden wirklich Belehrung Suchenden in hohem Grade befriedigen. Wie Carriere die Arbeit Häckel's beurtheilt, werden wir alsbald sehen. —

Kehren wir nach dieser langen Abschweifung zu obigem Satze, mit welchem Carriere den Kampf um das Dasein der Seele eröffnet, zurück, so muß auf den ersten Blick jedem einleuchten, daß die Gegensätze, abgesehen von ihrer Unrichtigkeit, viel zu grell geschildert sind, um die Wahl bei der Beantwortung der allerwichtigsten Frage für Wissenschaft und Leben nicht schwer zu machen. So steht aber die Alternative, wie sie hier dargestellt ist, keineswegs. Menschen machen, wie wir bereits wissen, nicht einen Haufen zusammengewürfelter Atome aus, sondern stellen vollkommene gegliederte Organismen von bestimmten Formen und einzelnen höchst mannigfaltigen Geweben und Organen dar, wobei die Theile zur Erhaltung des Ganzen harmonisch zusammenwirken. Bei den sehr differenzirten Werkzeugen der vollkommeneren Organismen braucht man nicht zu staunen, daß die Organe vermöge Form und Zusammensetzung auch verschiedener Leistungen fähig sind. Das höchst entwickelte Gehirn des genialsten Menschen muß unter allen Umständen normal ernährt werden, zwischen Thätigkeit und Ruhe gehörig abwechseln, wenn es seine Leistungsfähigkeit nicht bald einbüßen soll. Eine geringe Veränderung in der Spannung der kleinen Gefäße, eine unbedeutende Ausschwitzung oder ein Blutaustritt in gewisse Hirnpartien beeinträchtigt die Verrichtungen im hohen Grade. Verfettung oder Schwund der an den Windungen befindlichen Zellen 2c. macht den früher scharfsinnigsten Menschen unheilbar blödsinnig. Bedarf es noch zahlreicherer Beispiele zum Beweise, daß man nur von einem in voller Integrität der Form und Ernährung befindlichen Gehirne seine normalen Leistungsfähigkeiten und Leistungen erwartet? Eine kurze Unterbrechung des Kreislaufs ruft sofort Bewußtlosigkeit, Ohnmacht und Scheintod hervor, der in den wirklichen Tod übergeht, wenn die Circulation des Blutes nicht bald wieder hergestellt wird. Selbst das schon der Zersetzung anheimgefallene Gehirn hat noch eine sehr complexe chemische Zusammensetzung, und von da bis zur Bestimmung der sog. atomistischen Lagerung der Chemiker ist noch ein weiter Weg. Nein Herr Carriere! Menschen bestehen nicht aus einem Haufen von Atomen, welche durch den Mechanismus ihrer Bewegung die Lebenserscheinungen wie die Gedanken hervorbringen, sondern zur Hervorbringung der untergeordnetesten Lebenserscheinung bedarf es schon der eigenthümlichen Form und Zusammensetzung, wie wir bereits wissen. Je complicirter nun die Lebensphänome, desto schwieriger sind die dazu nöthigen Bedingungen zu ermitteln. Bei den dem Erkenntnißapparat zukommenden Verrichtungen erreicht die Schwierigkeit des Nachweises dieser Bedingungen gleichsam ihren Gipfelpunkt. Es war früher bei dem niederen Stand der Physiologie verzeihlich, sobald es sich um die Verrichtungen des centralen Nervensystems und der Sinneswerkzeuge handelte, gleichsam zum Wunder seine Zuflucht zu nehmen, d. h. zwischen Werkzeug und Verrichtung ein irgend wie geartetes Wesen vorauszusetzen, das erst die Leistungen zu ermöglichen im Stande sei. Eine solche Hypothese, sage ich, war früher zu entschuldigen, kann aber den Fortschritten der Physiologie gegenüber jetzt keine Entschuldigung mehr beanspruchen, wenn auch sonst mit Recht berühmte Forscher sie noch in Schutz nehmen.

Carriere durfte demnach, um den Gegensatz zwischen der monistischen oder materialistischen Erkenntnißlehre einerseits und der dualistischen oder spiritualistischen andererseits hervorzuheben, nicht in der angeführten Weise sich ausdrücken, sondern mußte den Satz ganz anders formuliren. Freilich wäre dadurch der manchen Leser verblüffende Effekt, worauf es abgesehen zu sein scheint, verloren gegangen. Hätte der gelehrte Kritiker, wie er wirklich mußte, den ersten Theil der Frage etwa so gefaßt: ob ein wohlgegliederter Organismus mit seinem äußerst fein gebauten Erkenntnißapparat die Lebenserscheinungen wie die Gedanken in uns hervorbringt, oder u. s. w.; so wären sicher viele mit der Wichtigkeit der Frage nicht ganz vertrauten Leser nicht so schnell für den zweiten Theil der Alternative gewonnen worden, sondern sie hätten jedenfalls etwas gezaudert und sich über die Sachlage zu unterrichten gesucht, bevor sie sich für die eine oder andere Ansicht entschieden hätten.

Zergliedern wir nunmehr den zweiten Theil der Alternative, der da heißt: „oder ob ein reales denk- und willensfähiges Wesen der Träger der idealen Welt in uns ist ꝛc." — Also ein mit den genannten Attributen ausgerüstetes Wesen soll neben dem Organismus in uns vorhanden sein zur Hervorbringung der Lebenserscheinungen wie der Gedanken! Zunächst soll das definirte Wesen ein reales sein. Wir haben aber nicht entfernt das Recht, irgend Etwas real, wirklich, zu nennen, wenn nicht zuvor unsere Sinneswerkzeuge direct oder indirect davon in Erregung versetzt worden und durch weitere Hergänge die Wahrnehmungen davon im Gehirne zu Stande gekommen sind. Ob der ganze Hergang bei der Erkenntniß bloß eine Leistung der Werkzeuge ausmacht, oder ob dazu noch ein anderes Wesen nöthig ist, darauf kommt es bei der Beantwortung der vorliegenden Frage vorerst gar nicht an. Nur das darf real genannt werden, dessen Existenz durch Sinneswahrnehmungen nachgewiesen werden kann, im Gegensatze zu dem Idealen, bloß Gedachten, aber in Wirklichkeit nicht Nachweisbaren. Es ist folglich ganz verfehlt, bei der Definition eines solchen Wesens, für dessen Existenz auch nicht das geringste objectiv nachweisbare Merkmal beizubringen ist, gerade die Eigenschaft real an die Spitze zu stellen.

Ferner soll das vorausgesetzte Wesen denk- und willensfähig sowie der Träger der idealen Welt in uns sein! Es leuchtet auf den ersten Blick ein, daß weder diese, noch andere Eigenschaften, welche man einem solchen vorausgesetzten Wesen andichtet, ebenso wenig zur Wirklichkeit herabreichen, also für dessen Dasein nicht die geringste Garantie bieten. Andere legen dem vorausgesetzten Wesen noch andere Eigenschaften bei, nennen es immateriell, keinen Raum füllend 2c., welche blos negative Bestimmungen noch weniger für dessen Existenz den geringsten Beweis liefern können. Außerdem hat es so viel oder so wenig Sinn, ein denkfähiges Wesen ohne die betreffenden das Denken hervorbringenden Organe vorauszusetzen, wie es einen Sinn hat, ein verdauungsfähiges Wesen ohne Verdauungswerkzeuge, ein athmendes Wesen ohne Athmungsapparat anzunehmen. — Zum Träger der idealen Welt wird überdies ein solches Wesen erhoben! Aber ein blos vorausgesetztes Wesen, für dessen Dasein, wie mehrfach gesagt, auch nicht ein einziges Merkmal beigebracht werden kann, besitzt weder Denk= noch Willensfähigkeit, noch ist es fähig, Ideale in sich zu tragen, noch darf es endlich am allerwenigsten real genannt werden. Wie bei keiner Lebenserscheinung außer der sie hervorbringenden organischen Vorrichtung die Beihilfe eines anderen, nicht in den Organen selbst vorhandenen Etwas nöthig ist, ebenso wenig darf für Empfindung, Wahrnehmung, Vorstellung, Urtheil, Begriffsbildung, Gedächtniß, Setzung von Idealen 2c. und die darauf folgenden Reactionen, Bewegungen und Handlungen nämlich, ein außer dem reich gegliederten menschlichen Erkenntnißapparat vorhandenes Etwas angenommen werden. Die Organe tragen in sich selbst die genügenden Fähigkeiten ihrer Leistungen; für ein anderes Etwas, das dabei nachhelfen, sich etwa der Organe nur bedienen soll, ist kein Raum vorhanden.

Hieraus ergibt sich schon, was von dem Zusatz: „ob dies zugleich das Organisationsprincip des Leibes ist, oder neben demselben und doch mittelst desselben waltet" — zu halten ist. Also außer dem Leibe ein denkfähiges 2c. Wesen, das entweder auch zugleich Organisationsprincip sein, oder doch auf dieses eingreifen soll! Das wäre nicht nur ein Dualismus, sondern sogar eine Dreiheit im Organismus. Bei einer solchen Auffassung des Lebens wird man förmlich von Schwindel ergriffen.

Ich darf mich wohl auf die obige Erörterung über die Nothwendigkeit der Annahme organischer Kräfte zur Erklärung der Lebenserscheinungen und insbesondere über das Verhältniß der Kräfte zu ihren Trägern berufen, um einer weiteren Widerlegung der von Carriere ausgesprochenen Ansichten überhoben zu sein. —

Die daran geknüpfte Befürchtung über das dem ganzen Menschengeschlechte drohende Unheil, wenn als wissenschaftliche Wahrheit festgestellt wird, daß Freiheit und Gewissen Illusionen sind, theile ich keineswegs und Niemand wird die Befürchtung theilen, daß eine wirkliche wissenschaftliche Wahrheit jemals irgend einen Nachtheil bringen kann. In der Natur der Wahrheit liegt es eben, daß sie das, was sie auf der einen Seite zu zerstören scheint, auf der anderen mehr als ersetzt. Die Wahrheit kann nur Gutes zur Folge haben, wie der Irrthum nur andere Irrthümer erzeugt, wie es der Fluch der bösen That ist, daß sie fortzeugend stets Böses muß gebären.

Darum nur keine Furcht vor der Wahrheit! Die Wissenschaft hat es mindestens zur höchsten Wahrscheinlichkeit erhoben, daß die Menschen aus Thieren sich entwickelt haben oder von Thieren abstammen, bewiesen, daß im Großen und Ganzen die Menschheit einer steten Vervollkommnung und Veredelung entgegen geht, eine Thatsache, welche geradezu eine Zurückversetzung der Menschheit in das Thierreich ausschließt. Wenn bewiesen ist, daß eine Willensfreiheit in dem gewöhnlichen Sinne unmöglich, das Gewissen ein Resultat der Erziehung ist, beide Annahmen sich wirklich als Illusionen zeigen, so folgt daraus noch keineswegs, daß der Mensch blind seinen Trieben nachgeben und seine Begierden nicht bekämpfen soll, sondern es läßt sich bei voller Klarheit der Einsicht von dem Illusorischen der Willensfreiheit und des Gewissens ein Sittengesetz oder Pflichtgebot begründen, das dem auf Dogmen und Traditionen fußenden, wie es Carriere nicht missen zu können vermeint, an Erhabenheit bei weitem vorzuziehen ist. Darum abermals keine Furcht vor der Wahrheit! —

Kaum begreiflich wird es endlich, wie die neue mißverstandene Lehre für die Verworfenheit und Ruchlosigkeit eines verwahrlosten Individuums (Hödels) verantwortlich gemacht werden soll. Ein Blick auf die Geschichte zeigt, daß zu allen Zeiten an solchen Individuen, wahren Scheusalen der Menschheit, kein Mangel war, obgleich zu jenen Zeiten die angeklagten Lehren noch nicht verkündet waren, im Gegentheil die so sehnlich wieder herbeigewünschten religiösen Ceremonien fleißig geübt wurden. Ob besserer und länger fortgesetzter Unterricht in Zukunft die Zahl solcher Auswürflinge des menschlichen Geschlechtes vermindern wird, bleibt abzuwarten. Die Erforschung und Verkündigung der Wahrheit, in welchen Wissenschaften immer, darf aber unter keinen Umständen für solche ausnahmsweisen Vorkommnisse verantwortlich gemacht werden.

Mit diesen Bemerkungen sind erst die einleitenden Sätze Carriere's berührt. Ich sage berührt; denn eine ausführliche Beleuchtung und Widerlegung der darin ausgesprochenen apodiktischen Behauptungen würde eine Abhandlung für sich erfordern. Zum besseren Verständniß und zur Vereinfachung der Widerlegung der nun folgenden Erörterungen gegen Haeckel u. A. wird das Vorausgeschickte jedenfalls den Weg bahnen.

Zunächst sei Act genommen von des Kritikers Zugeständniß, daß wir die Seele nicht leiblos kennen. Das ist es gerade, was ich überall so bringend urgirt habe, daß jeder, der von einer Seele als besonderem Wesen spricht, zuvor dessen Existenz beweisen müsse, nach dem unwiderlegbaren Satze, daß dem Behauptenden der Beweis obliegt. Niemandem ist es aber bis jetzt gelungen, für das Dasein des behaupteten Wesens auch nur ein Zeichen seiner Wirksamkeit beizubringen; desto mehr wurde hingegen darüber phantasirt. — Weiter sagt Carriere, es handle sich darum, ob die Geistesphänomene durch bloße Naturkräfte bewirkt werden, oder ob sie zwar mittelst derselben und durch sie bedingt, aber durch eine eigene Kraft und Wesenheit sich vollziehen. — Man merkt sofort eine andere Stellung der

Gegensätze wie in der Einleitung. An die Stelle der Atome treten Naturkräfte. Mit letzteren sind offenbar die in der unorganischen Natur herrschenden Kräfte gemeint. Hier liegt der oben bezeichnete wunde Fleck vieler Biologen und Physiologen, welche für die Erklärung des Zustandekommens der vitalen Erscheinungen nicht die Annahme organischer Kräfte gestatten wollen, aus Furcht durch eine solche Annahme dem Wunderglauben zu verfallen. Daß die Zurückweisung der Voraussetzung besonderer organischer Spannkräfte für die Leistungen der organischen Gebilde ein großer Fehler ist, hat oben genügende Beleuchtung gefunden. Daselbst wurde aber auch entschieden betont, daß die vorausgesetzten Kräfte in der unorganischen Natur sowohl, wie in der organischen, nur im monistischen, niemals aber im dualistischen Sinne aufgefaßt werden dürfen, d. h. daß die Kräfte unabhängig von ihren Trägern besondere Wesenheiten ausmachen und für sich existiren. Woher man das Recht nimmt, gerade bei den Leistungen des äußerst complicirt gebauten Erkenntnißapparates eine Ausnahme zu machen, dessen Kräfte oder Leistungsfähigkeiten als besondere Kraft und Wesenheit zu betrachten, wie hier geschieht, ist kaum begreiflich. Nur ein altes Vorurtheil, das ohne genaue Prüfung hingenommen und sich wie eine ewige Krankheit von Geschlecht zu Geschlecht fortpflanzt, trägt die Schuld dieses schweren Irrthums, dem mit vielen Anderen auch Carriere verfallen ist. Hier dreht sich die Frage nicht darum, ob die geistig genannten Erscheinungen durch bloße Kräfte der unorganischen Natur bewirkt werden, sondern darum, ob die Kräfte der Erkenntnißwerkzeuge diese allein zu ihren Leistungen befähigen, oder ob dazu noch eine andere, nicht in den Organen selbst liegende „Kraft und Wesenheit" nöthig ist. Für den Kundigen, frei von Vorurtheilen und Autoritätenglauben, kann die richtige Beantwortung dieser Frage keinem Zweifel unterliegen. Wie ein Solcher die anderen, unorganischen oder organischen, Kräfte nicht als von ihren Trägern trennbare besondere Wesen betrachtet, ebenso wenig darf er, ohne gegen die in den Naturwissenschaften wie in der Biologie allein giltige Methode zu verstoßen, bei den Leistungen des Gehirnes und der Sinneswerkzeuge eine Ausnahme machen, d. h. die in den Werkzeugen liegenden und diese zu ihren Leistungen befähigenden Kräfte als eigene für sich der Existenz fähigen „Kräfte und Wesenheiten" auffassen.

Mit der zweiten aufgestellten Alternative war demnach Carriere nicht glücklicher, als mit der ersten. Beide Alternativen sind falsch. Wie dorten mit Unrecht die mechanische Bewegung eines Haufens von Atomen einem realen ꝛc. Wesen unrichtig gegenüber gestellt wird, so hier den bloßen Naturkräften eine eigene Kraft und Wesenheit zur Hervorbringung der geistigen Phänomene. Da wir bereits wissen, daß in beiden Fällen noch ein Drittes gestattet ist, das gerade der Wahrheit entspricht, so ergibt sich, daß der gelehrte Kritiker einen total falschen Maaßstab zur Beurtheilung und Entscheidung einer so wichtigen Frage anlegt, wodurch nur Unkundige irregeleitet werden können.

Dagegen ist er vollkommen im Recht in der sich unmittelbar anschließenden Bemerkung, daß alle das Wachsthum eines Baumes fördernden Bedingungen den Keim, aus welchem der vollkommene Baum emporwächst, nicht hervorbringen könne. Die Bemerkung ist richtig, aber nicht an der richtigen Stelle: sie bezieht sich auf die Entstehung der Lebewesen, aber nicht auf deren Leistungen, wovon es hier allein sich handelt. Die Entstehung der Lebewesen wurde oben genügend discutirt, und soll hier nicht weiter darauf zurückgekommen werden. Der Biologe hat seine Schuldigkeit gethan, wenn er die Bedingungen nachweist, unter welchen ein Samenkorn sich zu einer vollkommenen Pflanze oder einem mächtigen Baume gestaltet, wie er seine Schuldigkeit gethan hat, wenn er die viel complicirteren Bedingungen zeigt, unter welchen aus einer Eicelle unter dem Einfluß des Samens und des Blutes ein vollständiger Organismus mit einem formenreichen Gehirn und differenten Sinneswerkzeuge sich bildet.

Indem Carriere Haeckel's Erörterung über den Strudelwurm folgt, welche zu dem Ergebniß führt, daß alle lebendige Materie beseelt sei u. s. w. — findet er die Identification von „Geist und Seele" nicht zutreffend, da man „Geist selbstbewußten Willen" nenne. — Das kann doch nur so viel heißen: Carriere beliebt es, den Geist so zu definiren. Ohne hierauf weiter einzugehen, darf ich nicht unterlassen, auf den von ihm gemachten falschen Gebrauch von Ursache hinzuweisen, ein Fehler, den ein über einen Naturforscher so streng zu Gericht sitzender Philosoph nicht begehen sollte. Er findet nämlich in der Organisationskraft die Ursache der Verbindung der Elementartheile zu einer Celle. Das Causalgesetz erlaubt aber nur nach der Ursache der Veränderung eines Dinges, nicht aber nach der Ursache des Dinges selbst zu fragen. Jede Celle befindet sich bei ihrer Entstehung schon im Besitze ihrer Organisationskraft. Dieselben Bedingungen welche zur Hervorbringung eines lebensfähigen Keimes beigetragen haben, bewirkten auch dessen Organisationskraft; diese aber bringt nicht umgekehrt die Celle hervor, wie hier behauptet wird. Die Behauptung entspringt wieder aus der irrigen Auffassung des Verhältnisses der Kräfte zu ihren Trägern. Daß wir genöthigt sind, eine eigenthümliche Kraft, verschieden von den Kräften in der unorganischen Natur, selbst bei den niedersten Lebewesen vorauszusetzen, wurde schon genügend hervorgehoben. Man schließt auf eine solche Kraft aus den Leistungen der Lebewesen, wie man auf physikalisch-chemische Kräfte aus den Leistungen der unbelebten Stoffe schließt. Gesondert von den Lebewesen und vor den Lebewesen existirt keine Organisationskraft. Der Vergleich der Annahme einer solchen Kraft mit der Annahme von Atomen, womit Carriere seine Behauptung rechtfertigen will, trifft wieder nicht den richtigen Punkt. Doch das nur beiläufig.

Das lange Citat aus Haeckel, welcher von der Hydra bis zum Gehirn der Menschen die Cellen für die Seelenthätigkeiten verfolgt und damit schließt, daß gewisse Gehirncellen des Menschen die höchsten sog. Seelenthätigkeiten vermitteln, findet den Beifall des Kritikers, der sich streng an das Wort halten will. — Hier zeigt sich schon evident der oben gerügte Fehler einer unrichtigen zweideutigen Ausdrucksweise. Soll die stufenweise Verfolgung vom ganz einfachen Bau der Hydra bis zum höchst complicirten der menschlichen Hirnrinde irgend einen Werth für das Verständniß der Leistungen der entsprechenden Werkzeuge liefern, so dürfen vor allen Dingen die gebrauchten Ausdrücke nichts enthalten, was eine falsche Deutung veranlassen könnte. Haeckel bezeichnet aber die Leistung einer einfachen Celle als Seele, wie die Cellen der Gehirnrinde als Seelencellen, die jedoch nur die Seelenthätigkeiten vermitteln sollen. Was hier des Kritikers Beifall findet, das mußte ich entschieden rügen. Wie Haeckel für die Cellseele außer dem Cellenleib kein anderes Etwas die Leistung der Celle oder die Seelenthätigkeit vermitteln läßt, ebenso wenig darf er die Cellen der Gehirnrinde die sog. Seelenthätigkeiten blos vermitteln lassen. Hier wie dort handelt es sich von der Leistung eines Organs; ob dieses hier sehr complicirt, dort äußerst einfach gebaut ist, kann unmöglich in der Sache selbst einen Unterschied machen. Deßhalb muß jedem sofort einleuchten, daß, wie für die Thätigkeiten der Hydra die Celle nicht die Rolle einer bloßen Vermittlerin spielt, ebenso wenig die Cellen der Gehirnrinde nur die Funktion der Vermittelung ihrer Thätigkeiten haben können. In beiden wie in allen dazwischen liegenden Fällen vollbringen die Werkzeuge und die Werkzeuge allein ihre Leistungen vermöge ihres eigenthümlichen Baues und ihrer eigenthümlichen Zusammensetzung, ohne Dazwischenkunft eines irgendwie gestalteten Agens, dem man die Hauptrolle dabei zuschreibt.

Carriere will sich ferner streng an das Wort halten in Haeckel's folgendem Satze: „Das Organ der Centralseele ist die Gesammtheit der Seelencellen, der Ganglien des Gehirnes, das Organ jeder einzelnen Cellseele ist der Leib der Celle selbst." Haeckel wird für die Ehre danken, daß der Kritiker seine Cen=

tralseele mit Leibniz' herrschender Centralmonade übereinstimmend findet. Doch hat er sich selbst das Mißverständniß zuzuschreiben, da er, wie gezeigt, unrichtiger Weise den Begriff „Seele" beibehält, anstatt einfach von Werkzeugen und deren Verrichtungen zu sprechen. So sollen die Cellen der Hirnrinde einmal die Seelenthätigkeiten vermitteln, das andere Mal das Organ der Centralseele ausmachen. Wir kennen in allen diesen Hergängen nur die Werkzeuge und müssen deren Thätigkeiten so genau wie möglich untersuchen; dagegen wissen wir gar nichts von einem nur vorausgesetzten und nur definirten Wesen „Seele". Nun gar die gänzlich in der Luft schwebende Speculation Leibniz' hier heranzuziehen und mit Haeckel's Centralseele zu identificiren, das wäre fast unbegreiflich, wenn Letzterer durch seine unrichtige Benennung das Mißverständniß nicht selbst theilweise verschuldet hätte. Der Ausdruck, von Haeckel nur bildlich gebraucht, wird von Carriere buchstäblich genommen. Aber Haeckel's Ganglien der Großhirnrinde sind doch anschaubare wirklich vorhandene organische Gebilde, während der gesammten Monadenlehre des genannten Philosophen jede empirische Basis fehlt. — Jedoch damit noch nicht genug; der Kritiker fährt wörtlich fort: „sie (die Centralmonade) ist uns die Organisationskraft, die den vielgliedrigen Leib und in ihm das Gehirn sich zum Organ der Empfindung der Außenwelt und des Einwirkens auf sie anschafft oder baut und bildet." — Also die Kraft soll sich den Leib bauen u. s. w.! Wer gewöhnt ist, physiologische Hergänge unbefangen zu beobachten und zu deuten, der weiß, wie solche orakelartig vorgetragene willkürliche Behauptungen zu beurtheilen sind. Die Kraft bildet sich nicht den Leib, sondern dieser trägt vom ersten Keime an die Fähigkeit zu seinem gegliederten Baue in sich. Aus dem gewordenen Organismus mit seinen mannigfaltigen Verrichtungen schließen wir erst auf die in ihm vorhandene Kraft. Diese Kraft aber existirt nicht für sich als besonderes Wesen, das nach Zwecken handelt und sich den vielgliedrigen Leib u. s. w. anschafft oder baut, wie hier der Kraft zugeschrieben wird. In den angeführten Worten finden sich beide von der in den Naturwissenschaften befolgten Methode so streng verpönten Fehler vereinigt. Die Kraft wird von ihrem Träger als getrenntes für sich seiendes Wesen betrachtet, das überdies nach Zwecken handeln soll! Fort mit solchen verkehrten irrigen Ansichten!

In demselben docirenden Tone, wie vom Katheder herab, sind die Definitionen von Empfindung und Wille gehalten. Man dürfe nicht vergessen, meint der Kritiker, daß Empfindung nichts Aeußerliches, Gegenständliches, sondern etwas Innerliches sei. Carriere muß wirklich seinen Lesern große Unwissenheit zutrauen, denen er hiermit etwas Neues zu sagen vermeint. Daß jede Empfindung im Innern zu Stande kommt, ist seit geraumer Zeit den Physiologen so geläufig, wie ein arithmetischer Satz. Ebenso wissen wir ohne die gegebene Belehrung längst, daß die Empfindung nichts Aeußerliches, Gegenständliches ausmacht, sondern daß wir nur die Erregungen unserer Nerven durch die von den Gegenständen ausgehenden Reize empfinden und wahrnehmen. Was der bis jetzt angeführte Theil des Satzes enthält, ist richtig, aber allgemein bekannt und anerkannt, daher eigentlich überflüssig. Dagegen entscheidet der folgende Theil des Satzes im voraus über eine schwierige Principienfrage, ohne auch nur den Schatten eines Beweises dafür beizubringen; derselbe lautet: „sondern der Lebensact eines für sich seienden, fühlenden Wesens, eines Selbstes;" — Also die Empfindung soll der Lebensact eines für sich seienden ꝛc. Wesens, eines Selbstes sein! — Einen solchen confusen Wortschwall begreife wer da kann! Ein Lebensact kann doch nichts Anderes sein, als die Thätigkeit belebter Werkzeuge selbst. Nun belehrt Carriere die civilisirte Welt, daß die Empfindung der Lebensact eines für sich seienden ꝛc. Wesens sei. Ein für sich seiendes Selbst bedarf zu seiner Thätigkeit der Organe nicht; denn sonst ist es kein Selbst, nicht für sich seiend, sondern nur begrifflich festgestellt aus lauter nicht bis zur Wirklichkeit reichenden

Eigenschaften, also für sein Dasein überhaupt keine Bürgschaft vorhanden. Ein solches Wesen ist demnach gar nicht seiend, noch viel weniger für sich seiend, ein Selbst. Wie läßt sich überdies diese Behauptung mit dem ausgesprochenen Zugeständniß in Einklang bringen, daß wir das bezeichnete Wesen nicht leiblos kennen? Woher ist ihm plötzlich die Erleuchtung gekommen, daß dasselbe Wesen für sich seiend und fühlend, ein Selbst und dessen Lebensact die Empfindung sei? Der Widerspruch wird nicht gehoben, sondern nur noch verstärkt, wenn der Kritiker auf seine im Eingange gegebene Definition sich beruft, die nur noch weiter ist. — Trotz oder gerade wegen des hochtrabenden Geredes wird Niemand im Stande sein, von dem Hergange der Empfindung sich zu unterrichten, während vom rein physiologischen Standpunkt das Zustandekommen der Empfindung so leicht verständlich wird, wie die Verrichtung eines jeden anderen Werkzeuges. Sieht man ein, daß eine kleine umschriebene Stelle im verlängerten Marke für Sauerstoffmangel eine große Empfindlichkeit besitzt und dadurch den höheren Thieren so nothwendigen Athmungsproceß einleitet und unterhält, erkennt man ferner, daß sämmtliche übrigen Organe die ihnen eigenthümlichen Verrichtungen vollbringen, so wird man sich auch leicht zu der Einsicht erheben, daß bestimmte Partien des Gehirnes die Fähigkeit besitzen, die zugeleiteten Erregungen der äußeren Nerven zu empfinden. — Nicht minder erweist sich das, was Carriere vom Willen sagt, als hohle Phrase. „Wille ist die innere Bewegung und Strebung eines solchen" (nämlich des definirten Wesens). Daß damit gar nichts erklärt ist, liegt auf der Hand, da ein derartiges Wesen nicht existirt und nicht existiren kann. Um die Bewegungen und Handlungen physiologisch zu erklären, bedarf man glücklicher Weise nicht dieses leeren Wortkrams, sondern man hält sich ganz einfach an die durch verschiedene Untersuchungen ermittelten Thatsachen. Diese lehren nun, daß die Aeußerungen des Willens dadurch zu Stande kommen, daß die Erregungen von den Centren der Empfindungen, Wahr-

nehmungen u. s. w., auf die die Bewegungen beherrschenden
Nervenbahnen übertragen werden. Befinden sich sämmtliche mit=
wirkende Theile nach Form und Ernährung in Integrität, so
werden die beabsichtigten Bewegungen ausgeführt, kommen aber
mangelhaft oder gar nicht zu Stande, je nachdem die eine oder
andere Partie krankhaft ergriffen oder ganz funktionsunfähig ge=
worden ist. Was soll dagegen die innere Bewegung und Stre=
bung des definirten Gedankendinges bedeuten?

Noch confuser, wenn möglich, zeigen sich die folgenden Be=
hauptungen, daß nur die Seele die Aetherwellen in Licht um=
zusetzen im Stande sei, daß sie zur Ausführung einer Bewegung
eingreifen müsse, die Muskeln zur Contraction bestimme. —
Für diese und andere Verrichtungen bedarf es nur der gesunden
Werkzeuge und außerdem nichts; das Eingreifen eines solchen
Gedankendings wäre das fünfte Rad am Wagen; dessen An=
nahme verdunkelt den Hergang anstatt ihn aufzuklären. — Am
Interessantesten aber erweisen sich die noch weiteren nur der
Seele zugewiesenen Verrichtungen. „Die Seele wird ihrer be=
wußt, indem sie sich selbst erfaßt und bestimmt." — Erinnert
dieses der Seele zugeschriebene Kunststück nicht an das des er=
findungsreichen Münchhausen, der sich an den Haaren und da=
mit sein Pferd zugleich aus dem Sumpfe zog? Wie die Seele
es anfangen soll, durch Selbsterfassung ihrer bewußt zu werden,
bleibt vorerst das Geheimniß Carriere's. Uebrigens würde ein
solcher Hergang das Räthsel nur verdoppeln, aber nicht entfernt
zu seiner Auflösung beitragen. — Ganz gleich verhält es sich
mit den unmittelbar sich anschließenden Behauptungen, daß das
Bewußtsein der Seele nicht das von Millionen Cellen, sondern
ein einiges sei. — Die Lehre vom Bewußtsein ist so recht
das geeignete Feld, auf dem Psychologen und Philosophen sich
mit Behagen herumtummeln. Wären diese Herren, welche be=
ständig von der Einheit des Bewußtseins sprechen, in der Phy=
siologie nur einigermaßen unterrichtet, so müßten sie wissen, daß
die verschiedenen Empfindungen und Wahrnehmungen an ver-

schiedenen Stellen des Gehirnes zu Stande kommen, also auch das Bewußtsein davon getrennt sein muß. Denn Bewußtsein ist nichts Anderes als das Innewerden des Empfundenen, Wahrgenommenen und Gedachten und nichts für sich Bestehendes. Mit der Empfindung u. s. w. ist auch das Bewußtsein davon gegeben, gleichgiltig in welchem Grade der Klarheit es sich abhebt und wie lange es in der Erinnerung haftet. Das Bewußtsein erweist sich keineswegs als ein fertiges Ganze, sondern wechselt bei dem gesündesten und gelehrtesten Menschen in hohem Grade je nach der Beschaffenheit der Werkzeuge, wird getrübt bei Ermüdung des Gehirnes, schwindet während des tiefen Schlafes, der Ohnmacht und des Scheintodes ganz. — Was die Einheit des Bewußtseins betrifft, worauf auch hier ein so großes Gewicht gelegt wird, so darf ich mich wohl auf die über das Bewußtsein in dem oben citirten Werke gegebene Erörterung berufen, wo ich gegen das von Ad. Horwicz mit besonderem Nachdrucke hervorgehobene Argument für das Dasein einer Seele, die Einheit des Bewußtseins nämlich, Beispiele von doppeltem oder alternirendem Bewußtsein angeführt habe. Daselbst findet sich auch eine ausführliche Widerlegung anderer Irrthümer, die in der Lehre vom Bewußtsein von Einzelnen ausgesprochen wurden. Auch unserem gelehrten Kritiker wird es nichts schaden, wenn er die dort mitgetheilten Thatsachen berücksichtigte, dann wird er uns in Zukunft mit solchen längst unhaltbar gewordenen Behauptungen verschonen.

Es dürfte kaum zu rechtfertigen sein, auf die Widerlegung der übrigen für das Dasein einer Seele geltend gemachten Gründe in der bisherigen Ausführlichkeit fortzufahren, um so weniger, als alles Vorgebrachte nur unbewiesene und unbeweisbare Voraussetzungen enthält. Schließlich kommt Carriere jedoch wieder auf die in der Einleitung aufgestellte Alternative zwischen Seele und einem Haufwerk selbstloser Atome zurück. Daß eine solche Alternative nicht existirt, ist oben genügend dargethan, weßhalb hier nicht mehr darauf zurückgekommen werden soll.

Nachdem Carriere eine Uebereinstimmung der von Haeckel angenommenen Centralseele mit Leibnitz' Centralmonade gefunden zu haben glaubte und sich darüber zu freuen schien, dann die zergliederte Reihe von Behauptungen daran geknüpft hat, fällt es ihm endlich ein, daß Haeckel die Centralseele vergesse, oder sie zu einem bloßen Worte mache. — Ich habe sogleich die Uebereinstimmung nur im Ausdrucke gefunden, während in der Sache beide Ansichten himmelweit verschieden sind. Es wäre auch in der That kaum begreiflich, wenn ein Biologe, wie Haeckel, eine Centralseele in dem Sinne aufstellte, wie Leibnitz eine Centralmonade; den verbürgtesten Thatsachen wäre damit geradezu in das Antlitz geschlagen. Carriere legt überhaupt auf die von Haeckel gebrauchten Bilder und Vergleiche viel zu viel Gewicht, faßt solche zu wörtlich auf. Letzterer vergleicht die Einheit der Seele mit dem Gesammtgeiste eines Volkes, was der Kritiker mit einem anderen Ausspruche desselben Autors nicht übereinstimmend findet, nämlich dem, daß die Staatsform des Thierkörpers eine Cellenmonarchie sei, fragt nach dem Cellenmonarchen, ohne das Gehirn dafür gelten zu lassen, da dieses eine Vielheit sei. — Bei den hier folgenden wiederholten Bemerkungen, daß unser Selbst sich als Einheit fühle und wolle, ist nur vergessen, daß diese Einheit bei vielen Krankheiten des Gehirnes verloren geht. So lange das Gehirn in Form und Ernährung unversehrt bleibt, bewahrt es auch seine Fähigkeit bei allem Wechsel das Beharrende auszumachen, sich der gehabten Eindrücke zu erinnern, wenn neue Erregungen zuströmen. Sind die von den früheren Erregungen afficirten Cellen erkrankt, dann hat das Gehirn seine Fähigkeit, im Wechsel das Beharrende zu bleiben, eingebüßt, die gesammte Auffassung der Wirklichkeit wie auch die weiteren Thätigkeiten erleiden eine Störung und davon sind die sonst so regelmäßig ablaufenden einfachen wie combinirten Bewegungen und Handlungen nicht ausgenommen. Alles dies beruht auf zahlreichen sorgfältig beobachteten Thatsachen, wogegen das willkührliche Gerede über das Selbst nicht aufkommen kann. Doch soll noch das Zugeständniß constatirt werden, daß das Selbst zur Verwirklichung seiner Verrichtungen Bedingungen und Einflüsse anderer Wesen bedürfe. Damit wird das vorausgesetzte Selbst das Ueberflüssigste auf der Welt, wenn er auch abermals hinzufügt, es sei nichts Hervorgebrachtes, sondern ein Hervorbringendes, eine sich selbst bestimmende durch Selbsterfassung als Ich sich erzeugende Kraft, ein Reales 2c. —, aber immer nur durch sich! — Carriere muß glauben durch häufige Wiederholung derselben leeren Phrasen den Beweis für eine unbeweisbare Behauptung verstärken zu können. Das erinnert an das bekannte Verfahren eines Geistlichen, der sich vorgesetzt, in einer Predigt das Dasein Gottes zu beweisen, anstatt des Beweises aber unzählige Male die Versicherung wiederholte, daß Gott wirklich existire.

Wenn doch unsere Philosophen, die sich so oft auf die wirklich Epoche machende Kritik der reinen Vernunft Kant's berufen, die in diesem Werke ausgesprochenen goldenen Worte beherzigen wollten, daß durch bloße Begriffe kein giltiger Beweis hergestellt werden kann. Ein ontologischer, d. h. aus bloßen Begriffen geführter, Beweis vermag ebenso wenig etwas darzuthun oder die Einsicht zu fördern, wie es einem Kaufmanne möglich ist, seinen Cassenbestand durch Zulegen einiger Nullen zu verbessern, sagt Kant ebenso treffend, wie wahr. Carriere verfährt genau auf dieselbe Weise wie ein Kaufmann in dem Vergleich. Wie oft auch dieselben schwulstigen, hohlen Redensarten wiederholt werden, so fördern sie doch die Sache, um deren Klarstellung es sich handelt, in keiner Weise; es sind nur Nullen, die anderen Nullen hinzugefügt werden. Von einer unhaltbaren Voraussetzung, die er als Thatsache betrachtet, geht er aus und dreht sich beständig im Cirkel. Von der Erfahrung muß er in der That eine ganz eigenthümliche Ansicht haben, wenn er die in verschiedenen Wendungen wiederholten, genügend analysirten und unhaltbar gefundenen Phrasen für Thatsachen der Erfahrung ausgibt. Doch liefert er selbst eine Erklärung dafür, was er unter Thatsache der Erfahrung versteht: Das Denknothwendige soll damit identisch sein. Denknothwendig aber ist das, was der formalen Logik nicht widerspricht, was nicht gegen die logischen Gesetze der Identität, des Widerspruchs und des ausgeschlossenen Dritten verstößt. Nur die richtige Verknüpfung der Urtheile läßt sich durch Logik prüfen, und findet sich darin kein Fehler gegen deren Gesetze, so können sie als logisch richtig, d. h. denknothwendig gelten. Mehr läßt sich durch die Logik, Denknothwendigkeit, nicht herausbringen. Ob ein Schluß Wahrheit enthält, wird in letzter Instanz davon abhängen, ob die Urtheile, woraus er entstanden, empirisch sichergestellte Thatsachen oder nur nicht aus der Erfahrung geschöpfte Begriffe enthalten. Nehmen wir beispielweise den Schluß: N. ist unsterblich — gebildet aus dem Obersatze: Alle Menschen sind unsterblich, und dem Untersatze: N. ist ein Mensch; — so läßt sich gegen die formale Richtigkeit des Schlusses nichts einwenden. Daß hier der Obersatz, worauf sich der Schluß gründet, ganz falsch ist, springt auch dem Unwissendsten in die Augen, dessen Erkenntnißapparat keine Störung erfahren hat. Man wird sich deßhalb hüten, solche der Erfahrung diametral widersprechende Sätze aufzustellen, wie es hier absichtlich geschehen ist. Es fehlt aber nicht an zahlreichen Beispielen, daß durch logische Kunststücke Irrthümer in die Wissenschaft eingeschmuggelt werden, deren Aufdeckung größere Uebung und Mühe erfordert. Also sind — um die Sache nicht weiter zu verfolgen — Thatsache der Erfahrung und Denknothwendigkeit himmelweit verschiedene Dinge: das Eine kann weder durch das Andere erklärt, noch weniger darf das Eine an die Stelle des Anderen gesetzt werden, da etwas denknothwendig sein kann, was weit entfernt eine Thatsache der Erfahrung auszumachen, letzterer vielmehr geradezu widerspricht.

Im Laufe der Discussion wirft Carriere einmal Haeckel vor, er sei schnell fertig mit dem Worte. Auf den Kritiker fällt dieser Vorwurf in verstärktem Maaße zurück. Unmittelbar nach der Confusion von Erfahrungsthatsache und Denknothwendigkeit fährt er wörtlich fort: „Niemand kann mir Freiheit, Selbstbestimmung, Selbstbewußtsein geben, ich muß mich selbst dazu erheben, das liegt im Begriffe der Sache. Das Selbstbewußtsein aber ist, und ist das unmittelbar Gewisse." — Gut gebrüllt Löwe! — Carriere will sich Freiheit nicht geben lassen, muß sich folglich in deren Besitze glauben. Aus dem Zusammenhange geht hervor, daß hier weder die physische, noch intellectuelle, sondern die moralische Freiheit oder Freiheit des Willens gemeint ist, d. h. daß es einem Menschen zu gleicher Zeit möglich sei, etwas zu thun, oder zu unterlassen, oder auch das gerade Gegentheil davon zu thun, z. B. sich trauen zu lassen, oder ins Wasser zu springen u. s. w. In diesem Sinne gibt es keine Freiheit und kann eine solche nicht geben; denn das wäre ganz dasselbe, wie wenn etwas ohne Ursache eintreten sollte, was dem Causalitätsgesetze, einer Grundregel alles Geschehens, Wahrnehmens und Denkens widerstreitet. Wie oben schon angedeutet, hat jeder Mensch ohne Ausnahme durch Geburt, Erziehung, Ernährung, Klima u. s. w. eine eigenthümliche Beschaffenheit, einen bestimmt gearteten Charakter, vermöge dessen er in einem gegebenen Falle mit derselben Nothwendigkeit — das ist genau das Gegentheil von Freiheit — reagirt wie ein Stein, ohne Unterstützung gelassen, fällt, ein Stoff unter gewissen Verhältnissen einen anderen aus seinen Verbindungen treibt, unter anderen Verhältnissen selbst ausgetrieben wird, ein Hund z. B. zwischen seinen Trieben und der Furcht vor Schlägen schwankt, dann aber seinem individuellen Charakter nach sich entscheidet und sich entscheiden muß. Was den Schein der Freiheit der menschlichen Handlungen an sich trägt, besteht darin, daß die Menschen zwischen einer größeren Anzahl von Bestimmungsgründen, Motiven, zu wählen im Stande sind, als Thiere; da diesen weit weniger anschauliche Motive zur Verfügung stehen und die durch abstracte Erkenntniß gewonnenen ganz fehlen. Je besser ein Mensch unterrichtet ist, desto eher wird es ihm gelingen, die rohen Naturtriebe zu unterdrücken und strafbare

Handlungen zu vermeiden. Hat aber ein Mensch von Geburt einen schlechten Charakter und überdies während seiner Jugend keine guten Beispiele vor sich gesehen, einen mangelhaften Unterricht gehabt u. s. w.; so wird er auf seinem einigermaßen verwickelten Lebensgange viel eher straucheln und zur Verbrecherlaufbahn gedrängt werden. Hätte z. B. Hödel, dessen verwerfliche Grundsätze und ruchlose That Carriere irrthümlich als Folge der sog. materialistischen Lehren betrachtet, besseren Unterricht genossen, so hätte er wahrscheinlich die Einsicht gewonnen, daß Fleiß, Mäßigkeit, Sparsamkeit ꝛc. viel eher zum Ziele führen, als die unverstandenen Lehren über Eigenthum, Staatseinrichtungen ꝛc., welche ihn zu seinem fluchwürdigen Unternehmen getrieben haben. Bleiben von Geburt aus schlechte Charaktere, wie der eben genannte, ohne genügenden Unterricht, oder werden ihnen gar falsche Lehren eingeprägt, so werden sie die Strafanstalten bevölkern und wenn die Todesstrafe nicht aus den Gesetzbüchern schwindet, theilweise auf dem Schaffot enden. — Diese kurze Abschweifung ist keineswegs müßig, sondern zeigt, daß die Staatslenker die Pflicht haben, durchgängig für guten Unterricht zu sorgen, da die Kunst wohl schwerlich erfunden wird, daß mehr oder alle Menschen mit weniger oder gar keinen Leidenschaften geboren werden.

Freiheit also im Sinne Carriere's besteht nicht, darüber kann kein Zweifel aufkommen. Was man dafür auspricht ist nur die Wahl zwischen verschiedenen Motiven, also Willkühr, welche der Mensch in verschiedenem Grade wirklich besitzt. Zur Vollbringung einer Handlung gibt bei der Beschaffenheit des Menschen ein Motiv den Ausschlag; die Handlung tritt alsdann aber mit unerbittlicher Nothwendigkeit ein. Der Mensch müßte keine eigenthümliche Beschaffenheit besitzen oder ganz von der Causalität eximirt sein, wenn es anders wäre. — Das hochwichtige Thema über die Freiheit des Willens erschöpfend zu behandeln, würde eine umfangreiche Abhandlung für sich beanspruchen, weßhalb ich mich auf die gegebenen Andeutungen beschränken muß. Jedoch darf ich diese Skizze nicht abschließen, ohne hinzuzufügen, daß, obgleich der Wille nicht frei ist, das Strafrecht nicht im Geringsten verkürzt wird. Wenn ein Mensch intellectuell frei, d. h. die Tragweite und das Strafbare seines Handelns zu beurtheilen im Stande ist, so muß er auch gestraft werden. Dem Verbrecher selbst fällt es auch nicht ein, sein Vergehen gegen die Gesetze damit zu entschuldigen, daß er kein Anderer ist. Deßhalb muß jede Strafe den Zweck haben, auf die Erkenntniß der Verbrecher zu wirken, durch gute Lehren ihn zu bessern suchen, darf aber nicht grausam sein. — — Endlich muß ich meine Verwunderung und zugleich mein Bedauern aussprechen, daß Psychologen und Philosophen fortfahren von der Freiheit des Willens zu sprechen, als hätten seit länger als zwei Jahrhunderten die scharfsinnigsten Geister aller cultivirten Völker gar nichts darüber gelehrt und als existirte namentlich Schopenhauer's gekrönte Preisschrift „Ueber die Freiheit des Willens" — gar nicht. Jeder aber, der sich unterfängt, das Publikum über einen so wichtigen Gegenstand zu belehren, sollte mit dem unwiderleglichen Ergebniß der Untersuchungen hierüber bekannt sein und es unterlassen, solche orakelartige gegen die Wahrheit verstoßende Behauptungen aufzustellen.

Auch die Selbstbestimmung will sich Carriere nicht geben lassen. Selbstbestimmung aber bedeutet ungefähr dasselbe wie Freiheit, demnach gilt für jene auch das Gleiche, wie für diese. Jeder Mensch ist in der Selbstbestimmung wie im Wollen bedeutenden Beschränkungen unterworfen, wie wohl nicht mehr weiter ausgeführt zu werden braucht.

Daß das Selbstbewußtsein nicht von außen gegeben werden kann und unmittelbar gewiß ist, entspricht der Wahrheit. Aber wer leugnet denn das Gewisse des Selbstbewußtseins? Der Streit dreht sich ja darum, wie Selbstbewußtsein nebst allen anderen sog. geistigen Thätigkeiten entsteht. Niemand kann in mein Inneres schauen und es belauschen. Weder Bewußtsein im Allgemeinen, d. h. Bewußtsein von anderen Dingen, noch

Selbstbewußtsein, d. h. das Bewußtsein von sich selbst mit Ausschluß des Bewußtseins von anderen Dingen, kann von Jemandem gegeben werden, sondern, da es durch Thätigkeiten innerer Theile zu Stande kommt, so muß jeder selbst sein Selbstbewußtsein prüfen, ohne daß ihm ein Anderer dabei behilflich sein kann. Die Hauptfrage, ob dazu ein besonderes Wesen außer dem Erkenntnißapparate nöthig sei, erhält weder durch alle vorhergehenden Einwände, noch durch diesen Einwand die geringste Stütze. —

Carriere kann ferner Haeckel nicht beistimmen, wenn dieser das Bewußtsein für eine verwickelte Thätigkeit der Seelencellen (soll heißen: Gehirncellen) erklärt. Die Erklärung ist etwas zu allgemein gehalten, in der Hauptsache aber richtig. Carriere räumt zwar ein, daß das Bewußtsein nicht ohne Gehirncellen sei, beifügend: sie seien das Mittel zu seinem Zwecke. Der Zusatz enthält, abgesehen von der unerlaubten Teleologie, nur eine leere Phrase, obgleich er sich im Einklange mit den Thatsachen zu befinden versichert. Das darf doch wieder nur heißen: der ihm bekannten Thatsachen. Hätte er die wirklichen Thatsachen vom alternirenden Bewußtsein und Selbstbewußtsein gekannt, welche oben bereits Erwähnung fanden, so hätte er den wiederholten Einwand von der Einheit des Selbstbewußtseins, die gegen die Fähigkeit vieler Hirncellen eine Einheit zu bilden sprechen soll, nicht erhoben. — Die von Haeckel versuchte Begründung seiner Ansicht, nämlich die successive Entwickelung des Gehirnes nach ungemessenen und unmeßbaren Zeiträumen genügt allerdings nicht, darin muß ich Carriere beistimmen; aber seine eigene Ansicht erweist sich ebenso hinfällig.

Den Einwänden gegen die Vererbung zu folgen, darf um so mehr unterlassen werden, als der alte Irrthum wiederkehrt, wornach alle lebenden Wesen, den Menschen mit eingerechnet, nur aus einem Haufen von Atomen bestehen sollen. Dieser schwere, auf Mißverständniß oder Mangel an Kenntniß beruhende Irrthum beherrscht die ganze Argumentation gegen Haeckel, weßhalb es sich nicht der Mühe lohnt, derselben noch weitere Beachtung zu schenken.

Ganz denselben Irrthum enthalten die Einwände gegen die gesetzmäßig sich steigernde Entwickelung des Gehirnes, wie solche von Haeckel dargestellt wird. Carriere meint, nicht die Gehirne, sondern die Organisationskräfte steigern und entwickeln sich thatsächlich. Abermals die höchst sonderbare Auffassung von „thatsächlich". Was wirklich und nicht blos sog. thatsächlich feststeht, ist die gesteigerte Entwickelung des Nervensystems vom Nervenknoten eines Wurmes oder dem Rückenmarke des untersten Wirbelthieres (Amphioxus lanceolatus) an bis zum Menschen. Damit soll aber nicht entfernt behauptet werden, daß der Wurm oder das Lanzettfischchen der Stammvater der höheren Säugethiere und des oder der Menschen vor Millionen Jahren wirklich gewesen ist. Aus der Erfahrung wird sich das niemals beweisen lassen. Für die Hauptfrage aber, um deren Beantwortung es sich hier handelt, bleibt das gleichgiltig. Die Unsicherheit darüber, ob die vermuthete Abstammung der höheren Thiere von den niederen so oder anders sich verhält, erstreckt sich nicht auf das Thatsächliche der gesteigerten Entwickelung selbst. Daß überdies das Gehirn des Menschen, dessen Abstammung hier ganz bei Seite gelassen, im Laufe der Jahrhunderte an Umfang zugenommen hat, steht zweifellos fest. Nun meint Carriere: nicht die Gehirne, sondern die Organisationskräfte steigern und entwickeln sich. Eine so ganz verkehrte Ansicht kann doch nur auf totaler Verkennung des Verhältnisses der Kräfte zu ihren Trägern beruhen. Die Kräfte werden hier wieder als selbstständige von ihren respektiven Trägern trennbare Wesen aufgefaßt und außerdem noch darin gefehlt, daß einem solchen nur gedachten, in der Wirklichkeit nicht für sich existirenden Wesen die Fähigkeit zugesprochen wird, die Gehirne vollkommener zu gestalten. Kraft und Organ sind, wie die Träger der Kräfte in der unorganischen Natur, untrennbar mit einander vereinigt; aus den Leistungen der Organe werden erst deren Kräfte erschloffen, wie Alles schon genügend dargethan. Die total irrige Auffassung des Sachverhalts tritt aber noch deutlicher hervor in dem Zusatze: „— oder sind es die Gehirncellen bildenden Atome, welche allmälig mehr Uebung bekommen — — und endlich das Menschenhirn machen lernen?" — Hier reiht sich Irrthum an Irrthum. Wir haben es namentlich bei dem Gehirne mit höchst mannigfachen Formen zu thun, welche einer gesteigerten Entwickelung fähig, das Material zu ihrer Ernährung aus dem Blute heranziehen und zwar in sehr complexer Zusammensetzung, bei der nicht entfernt von Atomen, sondern nur von Molecülen die Rede sein kann. Woher die zur Ernährung des Gehirnes und seiner einzelnen Theile dienenden Elementarstoffe stammen, bleibt für die Leistungen der einzelnen Gehirnpartien ganz gleichgiltig. Deßhalb erscheint auch die den Monisten oder, wie Carriere sagt, Materialisten zugeschriebene Hypothese ganz ohne Sinn, und der daran geknüpfte sein sollende Witz, daß die Meister der organischen Chemie schwerlich ihre Zustimmung dazu geben werden, trifft weit von dem richtigen Punkte.

Den höchsten Grad des Mißverständnisses oder Irrthums legt der Kritiker in der Schlußperiode gegen Haeckel an den Tag. Er räumt als thatsächlich ein, daß die vollkommeneren zu den größten Leistungen in Kunst und Wissenschaft befähigten Gehirne sich allmälig durch Steigerung entwickelt haben, aber Haeckel könne nicht als Thatsache behaupten, daß die Molecularbewegungen des Protoplasmas der Seelencellen in Kant oder Goethe, welche die Kritik der reinen Vernunft oder den Faust producirt, das durch natürliche Züchtung vom Strudelwurm her erworben haben, wobei auch noch die Schwierigkeit bleibe, daß immer andere Seelencellen, immer andere Atome an diesen Meisterwerken gearbeitet haben. — Wie bereits gezeigt, kann es weder Haeckel noch sonst Jemandem einfallen, solche Behauptungen aufzustellen. Was die zuletzt angeführte Schwierigkeit betrifft, daß immer andere Seelencellen (richtig: Gehirncellen), immer andere Atome an jenen Meisterwerken gearbeitet haben sollen; so weiß man kaum, wie solche Mißverständnisse richtig zu bezeichnen sind. Wer hat denn je behauptet oder wer kann behaupten, ohne sich mit den Thatsachen in Widerspruch zu setzen, daß die zu ihren Leistungen befähigten Gehirncellen immer andere seien? Die für geniale Productionen so glücklich organisirte Gehirne, einmal zur vollkommenen Entwickelung gediehen, wechseln ihre hier in Betracht kommenden Cellen nicht mehr. Diese behalten, abgesehen von den durch das Alter herbeigeführten Veränderungen ihre Form bei, wie sie auch zu ihren Leistungen befähigt bleiben, so lange sie normal ernährt werden. Mit krankhaften Veränderungen der Cellen leiden auch deren Verrichtungen Noth. Ein noch so häufiger Wechsel des zur Ernährung dieser Cellen tauglichen Materials beeinträchtigt die Functionen weder dieser, noch anderer Cellen im Geringsten. Die von Carriere vermuthete Schwierigkeit besteht demnach gar nicht. Oder sollte der Einwurf vielleicht dahin gehen, es spreche gegen die gesteigerte Entwickelung der Gehirne von den niederen Thierformen aufwärts der Umstand, daß in den Thierreihen sowohl, wie in den sich succedirenden Generationen der Menschen die Cellen immer andere seien? — Obgleich wir schon grobe Mißverständnisse gefunden haben, so möchten wir ein solches dem Kritiker nicht zuschreiben und schließen hiermit die Besprechung der Kritik Carriere's über die Haeckel'sche Arbeit ab, da sie ohnehin sehr ausführlich geworden ist.

Dagegen darf und soll die folgende Erörterung viel kürzer ausfallen. — Carriere richtet nunmehr seine Aufmerksamkeit auf eine in der Litteratur schon viel besprochene Arbeit von G. Jäger: „Der todte Punkt in der Zoologie." (Deutsche Revue. Juli 1878.) Verfasser meint, man wisse nicht, was die Seele sei und darin liege der todte Punkt der ganzen Zoologie, Physiologie, Biologie und Morphologie ꝛc. Man habe nur einen Namen für die in bestimmter Richtung treibende Kraft in uns und dieser laute: „Seele". — Was Jäger hier den todten

Punkt nennt, ist eigentlich der dunkele oder unbekannte Punkt, der nun freilich nicht erst bei den Lebenserscheinungen und insbesondere bei den Verrichtungen des Nervensystems beginnt, sondern schon bei den untergeordnetesten Phänomenen in der unorganischen Natur in demselben Grade vorhanden ist. Daß die Lebenserscheinungen complicirter und mannigfaltiger sind, steigert nur die Schwierigkeiten der Forschung, ändert aber nichts im Wesen der Sache. Wie wir oben gefunden haben, hat die Unwissenheit darüber, warum ein Körper gerade diese und keine anderen Leistungsfähigkeiten besitzt, jede Erklärung mit einem Unbekannten, einem x, endet, die Fortschritte der Wissenschaften in keiner Weise aufgehalten. Dasselbe Princip auf sämmtliche Lebenserscheinungen angewandt, dürfen auch hier die unbekannten Größen, mit den nöthigen Cautelen, ruhig stehen bleiben, ohne ein stetes Fortschreiten zu gefährden. Dieses Unbekannte, von dem wir nichts wissen und nichts wissen werden (ignoramus et ignorabimus) meint du Bois-Reymond in seiner in Leipzig (1872) gehaltenen berühmten Rede, welche so viel Staub in der Wissenschaft aufgewirbelt hat. Der berühmte Physiologe konnte doch unmöglich die Fortschritte in den verschiedenen Wissenschaften leugnen wollen, sondern seine Absicht war nur zu erklären, daß bis zu gewissen Punkten gelangt, jedes weitere Fortschreiten unübersteigliche Grenzen finde, wie aus verschiedenen Stellen der Rede mit Bestimmtheit hervorgeht. Naegeli, der dem Ignoramus und Ignorabimus du Bois-Reymond's ein: „wir wissen und werden wissen" — entgegenstellt, muß gleichfalls gewisse Punkte in jeder Untersuchung als unüberschreitbare Schranken bezeichnen, hatte also gar keinen Grund so viel Geschrei zu erheben. Genug: etwas Dunkeles, sich jeder Forschung Entziehendes gibt es überall und wäre es wirklich das Wunder aller Wunder, wenn gerade bei den verwickelten Thätigkeiten der Organismen und besonders des Erkenntnißapparates alle Räthsel gelöst und gar keine unbekannten Größen mehr vorhanden wären.

Wenn nun Jäger die Frage aufwirft: „Was ist die Seele?"

sich mit dem Namen für das gesuchte Unbekannte nicht begnügt, sondern die Materie der Seele, den Seelenstoff selbst kennen lernen will, so müssen wir über die Stellung der Frage sowohl, wie über den Versuch sie zu beantworten, in hohem Grade staunen, oder auch nicht staunen, da wir, obgleich Jäger schon einige ähnliche Notizen über denselben Gegenstand im „Kosmos" gegeben, in der ganzen Arbeit nur einen Scherz erblicken und diese Ansicht so lange festhalten werden, bis der Autor selbst erklärt, daß er im Ernste die Abhandlung geschrieben habe, wenn sie auch in einer Zeitschrift erschienen ist, die ihrem Leserkreise nur gediegene Arbeiten zu liefern verspricht. Jäger meint nun, im Ausdünstungsgeruch und Fleischgeschmack eines Thieres müsse das Specifische des Seelenstoffs liegen!! —

So geistreich die Ausführung Jäger's, so wenig ist sie dazu geeignet, dem von ihm sogenannten todten Punkt der gesammten Biologie ec. Leben einzuflößen, oder den dunkelen Punkt, wie er richtiger hieße, zu beleuchten. Jedoch lohnt es sich, auf die Beurtheilung der Jäger'schen Arbeit Carriere's noch einen Blick zu werfen.

Noch bevor dieser seine Zweifel darüber beruhigt hat, daß Jäger im Ernste geschrieben, belehrt er ihn, daß die wiederholte Definition vom „Selbst" (vergleiche oben) leicht aus allen Nöthen helfe und man keiner weiteren Aufklärung bedürfe! Jäger wird für das Recept danken, wie auch Haeckel, bei dessen Beurtheilung er es mehrfach zum Besten gab. — Gegen die Argumentation Jäger's, daß es einen Seelenstoff geben müsse, ist Carriere, wie leicht einzusehen, im Recht, ohne daß die bei dieser Gelegenheit wiederholten, hochtrabenden Phrasen über Materie und Kraft, das Ansichseiende und Fürsichseiende zur Klarstellung des Sachverhalts dienen können. — Die beigebrachten Stellen aus dem 2. Theile von Goethe's Faust über die Eigenthümlichkeit des von einem Individuum ausströmenden Geruches sind interessant, ohne jedoch zur Erledigung der hier in Betracht kommenden Hauptfrage — was ausdrücklich wiederholt werden soll —, entfernt etwas beizutragen. Ebenso wenig vermögen das die in verschiedenen Wendungen abermals vorgebrachten dogmatischen Sätze, welche oben bereits genügend zurückgewiesen wurden.

Nachdem vorstehende kurze Erörterung über Jäger's „Todten Punkt in der Zoologie" — längst niedergeschrieben war, erschien von demselben Autor eine ausführlichere Arbeit unter dem Titel: „Die Entdeckung der Seele". (Kosmos II. Jahrg. Heft 9.) Daß nunmehr keine Mystification mehr im Spiel sein kann, liegt auf der Hand und dürfte eine solche nicht mehr angenommen werden, wenn auch Verfasser nicht ausdrücklich hervorgehoben hätte, daß er in vollem Ernste geschrieben habe. — Desto mehr aber muß es Staunen erregen, daß ein eifriger Anhänger der Lehre Darwin's und Mitredakteur einer Zeitschrift, welche für die einheitliche Weltanschauung zu kämpfen verspricht, überhaupt nur eine Seele zugeben kann, gleichgiltig in welcher Bedeutung dieser Ausdruck auch genommen wird. Denn eine einheitliche Weltanschauung setzt eine einheitliche Erkenntnißlehre voraus, während die Annahme einer Seele den Dualismus anerkennt.

Da ich, wie bereits angegeben, schon mehrfach die monistische Lehre mit Entschiedenheit vertreten habe, so erwächst für mich die Verbindlichkeit, die Ansicht des berühmten Zoologen gewissenhaft zu prüfen, um so mehr, als er in seinem Fache als Autorität gilt und der Autoritätenglaube schon so viel Unheil in verschiedenen Zweigen der Wissenschaft gestiftet hat. Selbstverständlich sollen die mitgetheilten Thatsachen unangetastet bleiben, die daraus gezogenen Folgerungen aber dürfen sich einer strengen Kritik nicht entziehen.

Bekanntlich wurde und wird noch das im Deutschen Seele genannte Wesen in sehr verschiedenem Sinne aufgefaßt. Im Laufe dieser Darstellung haben wir schon gefunden, was Carriere Alles von einem solchen Wesen verlangt. Daß dasselbe schon als Monade betrachtet wurde, haben wir gleichfalls erfahren, später wird sich ergeben, daß es auch für ein immateriel-

les Atom gehalten wird. Außerdem hat man von Seelen=
substanz, Seelenleib, Seelenorgan, Wirkungsleib
gesprochen, und die Seele so bezeichnet; ja sogar das fabelhafte
Od wurde schon für die Seele genommen. Die Seele aber als
einen ganz bestimmten Stoff, welcher die völlige Specificität des
Ausdünstungsgeruches und Fleischgeschmackes bedingt, zu bezeich=
nen, wie Jäger thut, ist neu und jedenfalls originell. Desto
gespannter darf man auf den Nachweis der vermeintlichen Ent=
deckung sein. Bei aller Verschiedenheit in der Bezeichnung
der für ein besonderes Wesen gehaltenen Seele war man doch
darin einig, daß sie gegensätzlich zu den Stoffen gebraucht, in
ihr die treibende Kraft für die Leistungen der Stoffe gesucht
und unter allen Umständen als einheitlich und immateriell be=
trachtet wurde, da eine Vielheit von Stoffen oder materiellen
Gebilden zu solchen Leistungen unfähig sei. Nun überrascht
Jäger die gesammte wissenschaftliche Welt mit der Entdeckung,
daß die Seele selbst aus Stoffen bestehe! Der Naturforscher
aber, welcher von einem besonderen Stoffe spricht, ist gehalten,
dessen Eigenthümlichkeiten wie Unterscheidungsmerkmale von an=
deren Stoffen genau nachzuweisen und geschähe es auch nur
mit Hilfe der Spectralanalyse. Ist Jäger dieser Verbindlichkeit
nachgekommen? Das wollen wir gewissenhaft untersuchen.

Einleitend bemerkt Verfasser, daß er die allgemein vorkom=
menden Ausdünstungsstoffe, wie Fettsäuren bei Säugethieren,
ferner auch die specifisch genannten ätherischen Oele bei Pflan=
zen von dem Verdachte, die Seele zu sein, freispreche, sondern
daß der Seelenstoff absolut specifisch sein müsse.
Dabei könne es jedoch vorkommen, daß bei der Zersetzung des
Seelenstoffs bei verwandten Arten gleiche Abspaltungsprodukte
auftreten. Ueberhaupt unterliege die die Seele bildende chemische
Substanz den Gesetzen des Stoffwechsels in derselben Weise wie
die übrigen Mischungsbestandtheile des Körpers; später noch
Näheres hierüber versprechend. — —

Daß die Erklärung des Hungers und der Liebe vor

das Forum der Naturwissenschaft gehört, dazu hätte es der Anführung der bekannten Verse Schiller's nicht bedurft. Jäger glaubt nun im Stande zu sein, die früher nicht bekannten dabei treibenden Kräfte genau angeben zu können.

Der Hunger sei ein Symptom der Eiweißzersetzung, der Seelenstoff stecke im Molecül des Eiweißes; so lange dieses unversehrt sei, befinde sich die Seele in gebundenem Zustand, werde aber mit der Eiweißzersetzung frei und trete als selbstständig agirender Factor auf. Bei der Eiweißzersetzung außerhalb des Körpers durch Säuren entwickele sich ein flüchtiger Stoff, der bei jeder Thierart specifisch sei, und zwar entweder der Kothgeruch oder der Bouillongeruch. Das gemeinte Specificum stecke im Eiweiße, werde bei dessen Zersetzung frei, sei der Nervenreiz, welcher die Aufregung des Hungers erzeuge.

Die Probe für die Richtigkeit der Erklärung des Hungers findet Jäger darin, daß hungernde Thiere eine stärkere specifische Ausdünstung haben. Die Auswahl der Nahrung müsse aus der gleichen Ursache erklärt werden. Um zu entscheiden, was angenehm und was unangenehm sei, bedürfe es mindestens zweierlei Duftstoffe, nämlich des Nahrungsdufts und des Selbstdufts. Letzterer sei am reinsten auf der Riechschleimhaut und treffe dort mit dem Nahrungsduft zusammen u. s. w.

Wenn Jäger meint, diese Erklärung leiste Alles, was man verlangen könne, so muß ich ihm entschieden widersprechen, d. h. dieses Selbstlob nicht nur nicht anerkennen, sondern sogar behaupten, daß die ganze Auseinandersetzung durchaus keine Erklärung der wichtigen Lebenserscheinung enthält. Die sein sollende Erklärung verwechselt die dem Hunger vorausgehenden oder ihn begleitenden Symptome mit dem ihn bewirkenden Agens oder der treibenden Kraft, nimmt überdies nur einseitig auf die Eiweißzersetzung Rücksicht, während doch auch die nicht Eiweiß enthaltenden Gebilde des Organismus gleichfalls Ersatz verlangen. Vorläufig ganz abgesehen von dem aus Eiweißzersetzung entstehen sollenden hypothetischen sog. Seelenstoff, läßt sich bei dem gegenwärtigen Stande der Physiologie die Entstehung des Hungers befriedigend erklären, ohne zu so gewagten Voraussetzungen zu flüchten.

Die Stelle im verlängerten Mark, welche durch ihre Empfindlichkeit für Sauerstoff den zum Leben höherer Thiere so unentbehrlichen Athmungsproceß anregt und unterhält, ist durch Versuche genau ermittelt. Im Einklange mit dieser feststehenden Thatsache erscheint die Annahme wohl gerechtfertigt, daß in der Nähe der genannten Stelle, im Centrum der Magenäste des herumschweifenden Nerven eine andere Stelle die Fähigkeit besitzt, die zur Ernährung des Gesammtorganismus nicht mehr ganz taugliche Blutmischung zu empfinden, d. h. Hunger zu erregen. Hier ist die Kraft zu suchen, welche zur Aufnahme von Nahrung treibt. Zersetzung organischer Masse oder auch Ansatz derselben, geht bis zu einem gewissen Grade dem Nahrungsbedürfniß voran, die Zersetzung aber oder die zersetzten Stoffe an und für sich besitzen nicht die Wirksamkeit, direct Hunger zu erregen. Aehnlich läßt sich das Bedürfniß für die Aufnahme von Flüssigkeiten begreifen. Das Centrum des Zungenschlundnerven besitzt die Fähigkeit, die nicht in gehörigem Grade Flüssigkeit der Blutmasse zu empfinden. Die Empfindung selbst wird bei Hunger wie bei Durst nach außen verlegt, nämlich dahin, wo sich die Nerven ausbreiten oder wo sie beginnen: der Hunger wird im Magen, der Durst im Halse und auf der Zunge empfunden. — Diese Erklärung des Bedürfnisses für Aufnahme von Nahrung bei Thieren und Menschen leistet Alles, was man von einer physiologischen Erklärung verlangen kann: sie führt die Erscheinungen zurück auf Kräfte, womit gewisse centrale nervöse Gebilde begabt sind und welche man der Analogie nach mit derartigen in der unorganischen Natur vorkommenden Kräften Spannkräfte oder Leistungsfähigkeiten nennt. Ueber die Spannkräfte selbst läßt sich aber, wie oben genügend erörtert, keine weitere Erklärung geben; man ist zu dem Punkte der Untersuchung vorgedrungen, wo die Forschung in viel einfacheren Hergängen eine Grenze findet. Man wird den Einwand nicht erheben, daß die bezeichneten Stellen im verlängerten Mark durch Versuche nicht ermittelt sind, wie das Centrum für das Athmen. Die Schwierigkeit, ja Unmöglichkeit, für den exacten Nachweis liegt darin, daß die Partien so dicht neben einander sich befinden und mit der Zerstörung des Athemcentrums der Lebensfaden durchschnitten wird. Ja könnte man die Centren für Hunger- und Durstempfindung isolirt treffen, ohne zugleich das Athmen aufzuheben, so würden Thiere sich darüber nicht befragen lassen; an Menschen derartige Beobachtungen zu machen, dürfte sich schwerlich Gelegenheit finden, aber die Möglichkeit ist dennoch nicht ganz ausgeschlossen.

Vergleicht man hiermit die von Jäger versuchte Erklärung des Hungers, so springt das Ungenügende und Irrige der letzteren von selbst in die Augen, wenn man die thatsächlichen Verhältnisse berücksichtigt. Der Voraussetzung nach soll Hunger immer nach starken Eiweißzersetzungen entstehen. Nun finden wir aber im Laufe fieberhafter Krankheiten eine bedeutende Zersetzung der organischen Substanzen bei gänzlichem Mangel des Appetits. Von der anderen Seite beobachtet man bei Reconvalescenten von schweren Krankheiten und bei vielen schwangeren Frauen geringe von den Organen stammende Eiweißzersetzung, verbunden mit häufig eintretendem fast unstillbarem Hunger. Hieraus ergibt sich, daß Jäger's Voraussetzungen nicht überall zutreffen, demnach unmöglich die darauf fußende Erklärung des Hungers liefern können.

Gegen den Versuch, die Auswahl der Nahrung aus derselben Ursache wie den Hunger zu erklären, gilt noch insbesondere, daß Thiere wie Menschen desto weniger wählerisch in der Nahrung sind, je stürmischer das Nahrungsbedürfniß eintritt. Namentlich neigen Menschen in dem Grade mehr zu Leckerbissen bis zur raffinirtesten Feinschmeckerei, je weniger sie eigentlichen Hunger haben. Der vorausgesetzte Selbstduft, der bei der Auswahl der Nahrung mitwirken soll, ist, wenn überhaupt nur in geringem Maße vorhanden; folglich kann auch dieser Erklärungsversuch auf Richtigkeit keinen Anspruch machen.

Folgen wir nun Jäger's Erklärung der Liebe und zwar zunächst der geschlechtlichen, so begegnen uns nicht minder auffallende Behauptungen. — Aus der Thatsache, daß verschiedene Organe desselben Thieres bei gleicher Zubereitung verschiedenartige Duft- und Geschmacksstoffe geben, wird geschlossen, daß jedes Organ seinen eigenartigen Seelenstoff habe, es eine Muskelseele, Leberseele, Nerven- und Gehirnseele gebe, die aber alle Modificationen des primären Eiseelenstoffs seien. (!) Ebenso haben die Geschlechtsstoffe, Eier und Samen gleichfalls ihre eigenthümliche Seelenstoffmodification im Molecül ihres Albuminats. — Daß der Geruch des Samens den wissenschaftlichen Namen aura seminalis erhalten hat, ist bekannt, dagegen dürfte die Annahme, daß der eigenthümliche Duft beim weiblichen Geschlecht der Säugethiere von dem Eie herrühre, sehr willkührlich und gewagt erscheinen. — Das sich im Geschlechtstriebe äußernde Excitans sei beim Manne die aura seminalis (Samenduft), beim Weibe die aura ovularis (Eiduft). Daß die Geschlechtsdüfte auch im Leibe ihres Erzeugers als Nerven aufregend wirken, sei bisher übersehen worden. — Indessen steht der Beweis, daß bei Säugethieren die Erregung vom Eiduft ausgeht, auf schwachen Füßen. Ebenso läßt sich für die Idiosynkrasien im Appetit schwangerer Frauen eine viel befriedigendere Erklärung geben, als die aus der Emanation des von der Frucht ausgehenden Duftstoffs, dem dabei die Hauptrolle zugewiesen wird.

Bei der hier versuchten Erklärung der geschlechtlichen Liebe beim Menschen ließ offenbar der Zoologe den Anthropologen nicht zum Worte kommen, mit anderen Worten: Jäger hat die Beobachtungen an Säugethieren ohne Berechtigung auf den Menschen übertragen. Thiere werden allerdings fast ausschließlich durch den Geruchssinn zur Begattung getrieben. Bei Menschen liegen aber die Verhältnisse doch etwas anders. Sind

ch Beobachtungen bekannt, daß reizbare Männer durch eigen=
tümliche von Frauen ausströmende Düfte zur heftigen Leiden=
schaft entflammt wurden, so fehlt es von der anderen Seite doch
nicht an zahlreichen Beispielen, daß Individuen mit stumpfem
oder fast mangelndem Geruche nahezu bis zum Wahnsinn durch
andere Eigenschaften sich zu Frauen angezogen fühlten. Der
gewaltige Trieb, welcher den Menschen während seiner besten
Jahre so mächtig beherrscht, das Thema der verschiedenen Dich=
tungen bei allen Culturvölkern, welcher das ganze Leben aller
Schichten der Gesellschaft in hohem Grade beeinflußt und durch=
dringt, dieser Trieb, sage ich, sollte ganz durch von Samen und
Eie ausgehende Duftstoffe seine Erklärung finden? Wer dadurch
befriedigt ist, der ist wahrlich um seine Genügsamkeit nicht zu benei=
den. Die genügende Erklärung der menschlichen Geschlechtsliebe
liegt viel tiefer; doch fehlt es hier an Raum näher darauf ein=
zugehen. Mit der Angabe, daß Erregung der Nerven durch die
Brunstdüfte entsteht, welche Erregung durch den Verstand wenig
beeinflußt wird, — wie Jäger die Liebe characterisirt — ist
wenig oder gar nichts erklärt.

Auf gleiche Weise will nun Verfasser die Liebe zwischen
Eltern und Kindern und die Freundesliebe erklären,
nur daß hier die allgemeinen Seelenstoffe in Betracht kommen,
welche dabei die Hauptrolle spielen sollen. Um die Beispiele von
Thieren zu übergehen, kann man auch zugeben, daß die Düfte,
welche von verschiedenen Menschen nach Geschlecht und Alter bei
gleicher Ernährung und gleichem Grade von Reinlichkeit aus=
strömen, verschieden sind. Mag auch manches Kind seine Mutter,
und umgekehrt diese jenes, am Geruch erkennen, so dürfen doch
solche vereinzelte Beispiele keine allgemeine Geltung beanspruchen;
ja wenn das gegenseitige Erkennungsmittel zwischen Müttern und
Kindern allein durch die Duftstoffe gegeben wäre, so würden
diesen doch durchaus nicht die Bedeutung von Seelenstoffen
als treibenden Kräften der interfamiliären Liebe zukommen;
jedenfalls sind hier noch andere Momente im Spiel.

Auch bei der Freundesliebe sollen die Duftstoffe mitwirken. Richtig ist, daß ein permanent widriger Geruch kein inniges freundschaftliches Verhältniß zwischen mit scharfem Geruchsinn begabten Individuen aufkommen läßt; ob aber ein angenehmer Duftstoff allein zur Unterhaltung einer dauernden Freundschaft genügt, ist eine Frage, welche wohl Niemand unbedingt bejahen wird. — Nach derselben Theorie soll die Kehrseite der Liebe, Haß, Angst, Furcht aus der Disharmonie zwischen Selbstduft und Objectduft entspringen. (!) — Zur weiteren Behauptung, ein Thier fürchte instinctmäßig seinen Feind, weil er stinke, bedurfte es wirklich der wiederholten Versicherung des vollen Ernstes, um sie nicht als Spaß aufzunehmen. Doch finden wir hier das Zugeständniß, daß die Duftstoffe nicht als Seele betrachtet werden dürften, wenn sie nicht noch auf andere Weise wirkten als durch Erregung von Sinnesempfindungen. Den Beweis davon will Jäger in Folgendem liefern und bittet die Chemiker die activ selbstständig auftretenden Stoffe zu studiren.

Verfasser will nun zeigen, daß sich durch die aus Eiweißzersetzung hervorgegangenen flüchtigen Stoffe nicht nur die mehr physischen Affecte, wie Hunger und Liebe, sondern auch die vorwiegend rein psychischen Affecte erklären lassen. — Zunächst erfahren wir, daß bei den Erscheinungen des Willens es sich um die specifischen Duftstoffe des Gehirnes, also um den Gehirnseelenstoff handele. Jede Erregung des Nervenapparates verlaufe mit Zersetzung von beseelten Gehirnstoffen, wobei deren Seelenstoff frei werde, der dann sehr energisch auf den Nervenapparat wirke. — Das Verhältniß des Gehirnseelenstoffs zu den Seelenstoffen der übrigen Organe sei das der Beherrschung, wenn auch nicht unbedingt. (!!)

Weiter wird wiederholt daran erinnert, daß bei der Eiweißzersetzung des Gehirnes der darin enthaltene Duftstoff in zwei antagonistischen Modificationen vorkomme, als Bouillonduft und Kothduft, je nach der Anwendung schwächerer oder stärkerer Zersetzungsmittel. Beide Modificationen werden nach ihrer angenehm erregenden und deprimirenden Wirkung „Luststoff" und „Unluststoff" genannt. Die Berechtigung oder den Beweis für diese Aufstellung glaubt Jäger darin zu finden, daß der Ausdünstungsgeruch und Fleischgeschmack in der Freude ganz anders sei, als in der Angst. Der Beweis gelinge am leichtesten bei der Angst, speciell bei der Todesangst. Dafür wird nun geltend gemacht, daß der Urin einer zu Tode gequälten Katze einen für lange Zeit fast unvertilgbaren Gestank zurückgelassen habe, daß gehetzten und geprügelten Thieren „ein abscheulicher Geruch" entströme, ja daß es ihm sogar gelungen sei, den Angststoff im Harne des Menschen zu riechen. (!) In weniger auffallender Weise zeige sich der Angststoff im Fleische vor dem Schlachten geängstigter Thiere u. s. w.

Uebrigens will Jäger noch auf andere Weise Beweise beibringen für seinen Cardinalsatz: „Die als Seele wirksamen Duftstoffe stecken im Molecül des Eiweißes und die psychischen Erscheinungen gehen Hand in Hand mit der Eiweißzersetzung." — Als Beweise werden nun angeführt, daß nach Muskelarbeit weniger Producte der Eiweißzersetzung im Harne gefunden werden, als nach freudiger oder niederschlagender Erregung; daß im Zustande der Lust der Appetit gesteigert sei, in dem der Unlust aber darniederliege, was sich aus seiner Seelentheorie leicht erkläre. — Endlich werden einige von O. Schmidt auf seine Veranlassung ausgeführte Versuche zum Beweise seiner Aufstellungen herangezogen. — Bei Behandlung der Gehirne mit verschiedenen Säuren entsteht bald ein angenehmer Duft, bald ein Ekelduft. Die Resultate dieser Versuche glaubt er zu Gunsten seiner Theorie deuten zu dürfen, ohne jedoch zu verkennen, daß der Schwerpunkt des Beweises darin liege, daß am lebenden Thiere die antagonistische Differenz zwischen Luststoff und Angststoff laut zu unseren Sinnen spreche. — Nach einigen allgemeinen Bemerkungen über Sinnesempfindung, Schwellenwerth u. s. w. der Angabe, daß der Geist etwas von der Seele ganz Verschiedenes, (wovon später) weil dabei kein Symptom von Eiweißzersetzung wahrzunehmen sei, glaubt er die Grundlagen zur Erklärung der wesentlichen Affecte gewonnen zu haben.

In der Meinung, eine excitomotorisch wirkende Lustmobification und eine deprimirend wirkende Unlustmobification des Gehirnseelenstoffes feststellen zu dürfen, spricht sich Jäger dahin aus, daß die psychischen Affecte sich ebenso leicht erklären lassen, wie die somatischen Affecte. Auf dieselbe Weise fänden auch einige Erscheinungen des Willens ihre Erklärung, wobei die Duftstoffe und Geschmacksstoffe auf dreifache Weise zur Geltung kommen sollen. — Selbstdüfte birigiren die ganze Körpermaschine, „sie seien der Wille" — womit diese Auseinandersetzung schließt. Doch hält er noch zwei Nachträge für nöthig. Der erste Nachtrag sei die psychische Beeinflußung durch krankhafte Vorgänge. Dabei werde die Eiweißzersetzung in der Unlustmobification frei, wodurch sich die trübe, niedergedrückte Stimmung fast aller Erkrankten leicht erklären lasse. Ebenso hofft er, daß seine Seelentheorie auf dem Gebiete der Geisteskrankheiten manches Licht herbeiführen werde. Der zweite Nachtrag besteht in der größeren Klarheit, welche seine Ansicht in die Lehre der Temperamente bringe, indem sie die Angabe der Erscheinungen durch die ihrer Ursache ersetze. — Kurze Erörterung hierüber.

Absichtlich habe ich diesen Theil der Darstellung des Autors kaum unterbrochen, sondern mich bemüht, deren Sinn kurz und zwar meistens in den von ihm selbst gebrauchten Worten wiederzugeben. Mit gespannter Aufmerksamkeit suchte ich von Seite zu Seite nach den versprochenen Beweisen, sah mich aber am Ende höchst getäuscht.

In der Erforschung der Lebenserscheinungen des gesammten Organismus sowohl, wie seiner einzelnen Werkzeuge muß als leitendes ausnahmloses Gesetz gelten, daß die Erscheinungen nur vermöge eigenthümlichen Baues und eigenthümlicher Zusammensetzung zu Stande kommen, ohne Dazwischenkunft eines anderen wirksamen Agens, wie dieses auch definirt und benannt werden möge. In der Zulassung eines solchen außer den Orgauen selbst wirksamen Agens bei irgend einer Leistung des Organismus liegt die Anerkennung des Dualismus, der ja auch von Jäger, wenigstens dem Worte nach, verworfen wird. Von einem anderen eifrigen Anhänger und Verkündiger des Monismus, Haeckel, wissen wir bereits, daß er durch Zulassung einer Seele die monistische Lehre verletzt. Während jedoch Haeckel den Ausdruck beibehält, hat er durch die mitgetheilten Thatsachen gezeigt, daß die Annahme einer Seele als besonderen Wesens unzulässig ist. Von Jäger läßt sich das Gleiche mit Recht nicht sagen. Dieser stellt als erste Hypothese auf: „es gibt eine Seele." Daß das Dasein einer Seele schon eines Beweises bedarf, ist ihm gar nicht eingefallen, denn sonst würde er nicht in der angegebenen Weise darnach geforscht haben. Von der unzulässigen Voraussetzung als feststehender zweifelloser Wahrheit fortschreitend, stellt er weitere Hypothesen auf, daß in der völligen Specificität des Ausdünstungsgeruchs und Fleischgeschmacks eines Thieres dessen Seele bestehe, daß jedes Organ, das beim Kochen einen eigenthümlichen Geruch und Geschmack gebe, auch eine besondere „Seele" haben müsse u. s. w. Jeder Unbefangene wird aus der Verschiedenheit des Geruchs und Geschmacks eines ganzen Thieres wie seiner einzelnen Theile nur den Schluß für berechtigt halten, daß die Elementarzusammensetzungen Verschiedenheiten darbieten, aber nicht das Geringste weiter. Zwar ist der exacte Nachweis der Verschiedenheit der chemischen Zusammensetzung noch nicht geliefert, doch sei das als Thatsache angenommen. Wie läßt sich aber aus den bei der Zersetzung des Eiweißes entstehenden verschiedenen flüchtigen Stoffen auch nur entfernt der Schluß wagen, daß diesen bei den Thätigkeiten oder Leistungen des Gesammtorganismus und der einzelnen Organe die Rolle treibender Kräfte oder wirksamer Agentien zukomme? Nur die Integrität der Formen bei entsprechendem Inhalt bedingt die normale Thätigkeit eines Organs und des ganzen Organismus, wie oben hinreichend dargethan. Böte übrigens Jäger's Hypothese auch nur einen gewissen Grad von Wahrscheinlichkeit dar, daß die genannten Duftstoffe während der Thätigkeit der Organe vorhanden, ja sogar die treibenden Kräfte dabei seien, so müßte sie dennoch wegen ihrer Einseitigkeit zurückgewiesen werden. Ein Zoologe sollte am allerwenigsten die höchst mannigfaltigen Formen der lebendigen Gebilde für deren Leistungen unbeachtet lassen und das Hauptgewicht auf die unter gewissen Umständen frei werdenden Duftstoffe legen.

Was nun die beiden Modificationen des sog. Gehirnseelenstoffs insbesondere betrifft, so gibt Verfasser ja zu, daß trotz der angeführten sein sollenden Beweise der entscheidende Beweis nur dann geliefert wäre, wenn man aus dem todten Gehirne durch Zersetzungsmittel die beiden Duftmodificationen entwickeln könnte. Obgleich nun die zu dem Zwecke angestellten Versuche nicht gelungen sind, so weiß er sich doch zu helfen, indem er den Schwerpunkt des Beweises darin sucht, daß am lebenden Thier die antagonistische Differenz zwischen Luftstoff und Angststoff so laut zu unseren Sinnen spreche. Die frühere Erklärung, daß die bezeichneten Düfte nicht als Seelenstoffe anzusprechen seien, wenn sie außer der Sinnesempfindung nicht noch auf andere Weise sich wirksam verhielten — scheint er hier vergessen zu haben. Doch davon abgesehen, dürfte aus dem Gelingen der Darstellung verschiedener Düfte ebenso wenig ein Schluß auf das Vorhandensein oder die Wirksamkeit solcher Düfte im lebendigen, thätigen Organe gemacht werden, wie auf die Thätigkeit der Eiweißverbindungen in den übrigen Organen aus der Zersetzung des Hühnereiweißes im Reagensglase. — Sämmtliche Leistungen des Gehirnes lassen sich ebenso gut aus der Eigenthümlichkeit des Baues und der Zusammensetzung begreifen, wie die Leistungen eines jeden anderen Organs ohne Intervention eines außer den Organen befindlichen Agens. Nun gar diese hypothetischen Duftstoffe für die treibenden Kräfte aller lebendigen Thätigkeiten zu halten, entbehrt jede empirische Grundlage, ohne welche kein Naturforscher eine Theorie versuchen sollte. Jäger ist in der Voraussetzung solcher Stoffe äußerst kühn, versteigt sich sogar zu einem „Psychogen" und „Deliriensstoff"!

Mit dem Beweise für den aufgestellten Cardinalsatz, daß die als Seele wirksamen Duftstoffe im Molecül des Eiweißes stecken und die psychischen Erscheinungen deßhalb Hand in Hand mit der Eiweißzersetzung gehen — wird sich wohl Niemand einverstanden erklären, der „Beweis" nicht für gleichbedeutend hält mit „Vermuthung" oder „Voraussetzung". Die Thatsache als zweifellos angenommen, daß sowohl bei freudiger Erregung wie bei Angst stärkere Eiweißzersetzung stattfindet, als bei Muskelarbeit, so geht doch daraus für die Richtigkeit der Theorie nicht einmal ein Fünkchen von Wahrscheinlichkeit hervor, noch viel weniger sonach Gewißheit. Im günstigsten Falle findet eine Verwechselung der Wirkungen mit den Ursachen statt. Recht leicht läßt sich begreifen, daß durch Angst und andere niederschlagende Gemüthsbewegungen die Ab- und Aussonderungen eine eigenthümliche Beschaffenheit annehmen, die mitunter auch durch den Geruch wahrgenommen werden kann; daß dagegen ein eigenthümlicher Stoff Angst u. s. w. erzeugen soll, läßt sich nicht begreifen. Wenn in den Excreten die Produkte der Eiweißzersetzung in größerer Menge vorkommen, wie läßt sich daraus eine Bestätigung für die Richtigkeit der aufgestellten Theorie ableiten? — Die stärkere Eiweißzersetzung ist ja erst in Folge der Thätigkeiten entstanden, die als treibende Kräfte (Seele) vorausgesetzten Duftstoffe waren vor den Thätigkeiten noch gar nicht vorhanden, konnten folglich die Thätigkeiten unmöglich erregen.

Daß Jäger's Versuch durch die beiden Modificationen des Gehirnseelenstoffs die psychischen Affecte zu erklären, kein befriedigendes Resultat liefern kann, ist leicht einzusehen, da dabei Stoffe als treibende Kräfte betrachtet werden, deren Vorhandensein als Wirkungen nicht einmal bestimmt nachgewiesen ist. Was ist im Sinne der Naturforschung erklärt mit der Angabe: die Luftmodification des Gehirnseelenstoffs wirkt erregend, die

Unlustmobification deprimirend? Antwort: gar nichts, weil das zu Erklärende schon in der Voraussetzung enthalten und überdies die Voraussetzung selbst unerlaubt ist. Die sog. psychischen Affecte lassen sich ohne die unhaltbaren Voraussetzungen genügend erklären wie auch Hunger und Liebe.

Nicht besser steht es mit der versuchten Erklärung der Erscheinungen des Willens. Dem unbefangenen Physiologen bietet die Erklärung der dem Willen zugeschriebenen Erscheinungen kaum größere Schwierigkeiten dar, als andere Erscheinungen des Organismus. Die Erregungen der Werkzeuge für Empfindungen, Wahrnehmungen und Vorstellungen setzen sich auf die centrifugalen Nerven fort, welche den locomotorischen Apparat beherrschen, wodurch sämmtliche Bewegungen und Handlungen, d. h. die Erscheinungen des Willens, eingeleitet werden. Die dafür herangezogenen vorausgesetzten Duftstoffe, welche erst die Erscheinungen bewirken sollen, erweisen sich dabei als das Ueberflüssigste auf der Welt. Die organischen Vorrichtungen reichen hier, wie überall, für sich allein zu ihren Leistungen aus. Daß die Duftstoffe bei den verschiedenen Bewegungen des Organismus eigentlich das Steuerruder führen, der „Wille" sein sollen — muß als willführliche Hypothese zurückgewiesen werden. —

Soll nun — mit Uebergehung der bereits angedeuteten zwei Nachträge, wobei ohnehin nur die früheren Behauptungen wiederholt werden — über den Beweis der von Jäger aufgestellten Seelentheorie im Ganzen ein Urtheil abgegeben werden, so muß es dahin lauten: daß er seine vermeintliche Entdeckung schon fix und fertig ausgedacht hatte, bevor er sich an die Untersuchung begab. Seine Voraussetzung hat er überall hineingetragen; braucht man sich darüber zu wundern, daß er sie wieder darin gefunden hat? — Die angeführten Thatsachen lassen sich nicht nur auf andere Weise recht gut erklären, sondern müssen sogar größtentheils anders erklärt werden. Ich bin weit entfernt, Verfasser ungenaue Beobachtung vorzuhalten, aber die

Folgerungen können vor einer eingehenden, allen Verhältnissen Rechnung tragenden Kritik nicht bestehen.

Ob Jäger wohl selbst das eingesehen hat, ist nicht wahrscheinlich; denn sonst hätte er sich nicht nur zur Rectification der Beobachtung, sondern auch zur Berichtigung der Folgerungen bereit erklärt. Das thut er aber nicht, sondern behauptet mit Bestimmtheit: „daß der von ihm wohl jetzt ganz klar bezeichnete Mischungsbestandtheil eines lebenden Wesens dessen Seele sei."

Oben wurde bereits geltend gemacht, daß eine wichtige Vorfrage, nämlich die: ob es eine Seele gebe, oder ob es erlaubt sei, irgend ein Wesen außer dem organischen Apparate vorauszusetzen, wodurch der Organismus wie jedes Organ erst zu seinen Leistungen befähigt werde? — gar nicht aufgeworfen, sondern bestimmt ohne Berechtigung angenommen wurde. — Prüfen wir nunmehr das mit Bestimmtheit hervorgehobene Resultat, so fällt es sofort auf, daß hier nur von einem klar bezeichneten Mischungsbestandtheil eines organischen Wesens gesprochen wird, während die Untersuchung bestimmte Duftstoffe als Seelenstoffe sogar verschiedener Organe darzuthun verspricht. Selbstverständlich ist aber mit der Bezeichnung eines Dinges für dessen Existenz nicht das Geringste bewiesen. Wer von eigenthümlichen Stoffen spricht, muß, wie im Eingange schon hervorgehoben, deren bestimmte Eigenthümlichkeiten und Unterscheidungsmerkmale von anderen Stoffen nachweisen. Ein solcher Beweis kann doch unmöglich als geliefert zugegeben werden, wenn durch Zersetzung des Eiweißes verschiedene Düfte entstehen, wenn der sog. Angstftoff angeblich im Urin des Menschen gerochen wird u. dergl. Also eigenthümliche Seelenstoffe sind nicht nachgewiesen, sondern dem eigenen Geständniß des Verfassers nach blos klar bezeichnet. Nehmen wir aber einmal an, jedes lebende Wesen besitze wirklich den klar bezeichneten Mischungsbestandtheil, so wäre doch daraus nur der Schluß erlaubt, daß ihm eine Eigenthümlichkeit oder Besonderheit in seiner Zusammensetzung zukomme und nichts weiter. Daß diese Eigenthümlichkeit gerade die treibende Kraft ausmachen soll, welche die Thätigkeiten des Gesammtorganismus und seiner einzelnen Organe regelt und unterhält u. s. w., mit anderen Worten: die Seele eines lebenden Wesens darstellen soll — erscheint eine willkührliche nicht zu rechtfertigende Voraussetzung.

Indessen beruft sich Verfasser für die Benennung auf das Recht des Entdeckers, obgleich er dabei nicht einmal mehr freie Wahl gehabt habe, da die Sache schon längst getauft sei. Welche Bewandtniß es damit hat, wird sich bald ergeben; die Bedeutung der vermeintlichen Entdeckung selbst ist schon genügend characterisirt. Der herangezogene Vergleich zur Widerlegung des Einwurfs, daß die bezeichneten Stoffe nur Producte des Leibes seien — trifft gar nicht die richtige Stelle. Daß ein unmündiges Kind nicht die Rolle eines Großjährigen spielt, dieser selbstständiger handelt als jenes, kann wohl Niemand bestreiten; es ist aber die Kleinigkeit dabei übersehen, daß ein Kind schon eine ganz bestimmte Individualität ausmacht, die sich bis zur Majorennität nur weiter entwickelt. Wenn nun auch die als Seele angenommenen Zersetzungsproducte ihrerseits wieder zu Ursachen einzelner Erscheinungen im Organismus werden, wie ja das in der Natur einer jeden causal verbundenen Reihe von Phänomenen liegt, so dürfen sie doch keineswegs mit einem selbstständigen Individuum auf gleiche Stufe gesetzt werden, wie in dem Vergleiche geschieht. Ueberdies ist ja nicht entfernt bewiesen, daß die aus den Eiweißzersetzungen **außerhalb** des Organismus hervorgehenden Stoffe in gleicher Weise auch **innerhalb** der organischen Wesen vorkommen, folglich noch viel weniger, daß sie, der Voraussetzung nach, die Rolle des Herrn im thierischen Körper spielen.

Etwas naïv klingt das weitere für die Benennung angeführte Argument: „Kein Mensch leugnet, daß die Triebe, die Instincte, die Affecte und der Wille in das Capitel der Seelenerscheinungen gehören." — Es ist wahr, daß sämmtliche hier aufgezählte und noch andere Erscheinungen von einem besonderen Wesen „Seele" abhängig gemacht wurden und theilweise noch werden, weil man auf einer rückständigen Stufe der Wissenschaft nicht einsah, daß alle Thätigkeiten des Organismus nur Leistungen bestimmter Werkzeuge ausmachen und es dabei eines mitwirkenden, besonderen Wesens nicht bedarf. Daß Jäger selbst diesen Standpunkt noch nicht überwunden hat, zeigt wiederholt die citirte Stelle wie die daran geknüpfte Bemerkung, ein Naturforscher, der die Entdeckung gemacht, daß alle diese Erscheinungen ihre Erklärung in der Anwesenheit eines ganz bestimmten, „freien", greifbaren, chemischen Stoffes finden, — werde nach dem bekannten populären Worte greifen, anstatt ein neues Wort zu schmieden. — Ueber die vermeintliche Entdeckung bedarf es wohl keines Wortes mehr; auch die Gründe für die Berechtigung der Namengebung glaube ich hinlänglich beleuchtet, d. h. widerlegt zu haben. Deßhalb kann ich des Autors Angabe nicht beistimmen, daß man den Ausdruck „Seele" so mißbrauche, wie früher die Bezeichnung „Infusorium" in der Zoologie, indem man von „Weltseele" und „Atomseele" spreche. Man hat eben so gut das Recht von einer Weltseele wie von einer Menschenseele zu reden u. s. w. Eine „Seele" als treibende Kraft außer dem organischen Apparate wurde beim Menschen vorausgesetzt, weil man irriger Weise glaubte, die lebenden Vorrichtungen seien allein zur Vollbringung ihrer Leistungen nicht genügend. Mit demselben Recht oder Unrecht durfte man auch eine Weltseele zur Regulirung des Weltalls voraussetzen. In derselben übertragenen Bedeutung nennt man z. B. die Hausfrau die Seele der Wirthschaft, auch in Kanonen heißt ein bestimmter Raum Seele u. s. w. Dagegen offenbart sich das Unrichtige der ganzen Hypothese sehr deutlich, wenn man von „Atomseele" spricht. Das gedachte kleinste Theilchen eines einfachen Stoffes muß doch das Vermögen seiner Wirksamkeit in sich selbst tragen und nicht noch eines besonderen Agens außer sich bedürfen. Gerade wie das Atom, das Molecül, der niedrigste belebte Keim, die Celle das Vermögen ihrer Leistungsfähigkeit nur in sich selbst enthalten, so auch die vollkommensten Organismen. Schon die Beibehaltung des Namens für ein Etwas, dessen besondere Existenz nicht zugegeben werden darf, involvirt einen großen Fehler gegen die richtige Methode der Naturforschung. — —

Auffallen muß im hohen Grade Jäger's Behauptung, daß die Annahme der Unsterblichkeit der Seele gegen die biblische Anschauung verstoße, wornach nur der Geist unsterblich sei, und daß die Theologen beide Ausdrücke fälschlich gleichbedeutend gebrauchen. Worauf diese Behauptung sich stützt, ist nicht angegeben, wenigstens kann die hingeworfene Bemerkung, daß nach Moses die Seele im Blut stecke (wovon später) nicht als Grund dafür gelten.

Unter den drei Ansichten, welche sich im Laufe von Jahrtausenden über das Wesen der Seele — deren Existenz außer Frage stand — gebildet hatten, war zur Zeit des Auftretens Jesu die im Judenthum (mit Ausnahme der Sabducäer) angenommene Ansicht, daß die Seele in der Zeit entstanden sei, einen Anfang habe, aber kein Ende, d. h. unsterblich sei. Diese Vorstellung von der Seele (deren Inconsequenz hier nicht weiter hervorgehoben werden soll) hat sich nicht nur im Judenthum erhalten, sondern ist auch in das Christenthum und später in den Islam übergegangen, und besteht heute noch als unangreifbares Dogma in den so zahlreiche Anhänger zählenden drei Religionen. Die Geistlichen heißen auch Seelsorger, für die Seelenruhe der Verstorbenen werden verschiedene Gebete verrichtet u. s. w. Die verbreitete Lehre, daß der Leib ein Hinderniß für die Vervollkommnung der Seele bilde, hat schon oft zum Selbstmorde, ferner zur Tödtung junger Kinder geführt, in dem Wahne, dadurch die Seelen der unschuldigen Geschöpfe schneller und reiner des Himmelreichs theilhaftig zu machen. Seelen stehen auf, Seelen werden gerichtet u. s. w. Soll zum Ueberfluß noch an die Abhandlungen über die Unsterblichkeit der Seele erinnert werden? Noch unlängst hat ein Geistlicher eine Schrift: „Das Zeugniß des Menschengeschlechts für die Unsterblichkeit der Seele" — veröffentlicht*). Es kann sonach keinem Zweifel unterliegen, daß, wenn noch Ketzergerichte beständen, Jäger sich wegen der aufgestellten Behauptung zu verantworten haben und einer Verurtheilung nicht entgehen würde.

Demnach beruht es auf einem Irrthum, daß Verfasser nicht mit den Theologen in einen Wortstreit gerathen werde, sondern nur mit den Philosophen. Aber auch in der Philosophie dreht sich der Streit nicht blos um Verwechselung oder synonymen Gebrauch der Ausdrücke Seele und Geist. Die Unsterblichkeit des Geistes gibt Jäger willig zu und bezeichnet überdies dessen Natur ganz genau, ohne zu bedenken, daß „Geist" eine ebenso leere Abstraction ohne alle Realität ist, wie die vorausgesetzte Seele. Gewöhnlich gebrauchen Philosophen beide Ausdrücke gleichbedeutend, indem sie wie auch die Theologen die Seele nur als geistiges Wesen auffassen. Was beispielsweise Carriere von der Seele verlangt und unter „Geist" versteht, haben wir bereits erfahren. Der Philosoph Fortlage bezeichnet „Geist" als das Göttliche im Menschen, weist der Seele nur eine Mittelregion zu und läßt sie nach beiden Sphären eingreifen. Dagegen kann sich der Physiologe Beneke der Einsicht nicht verschließen, daß das, was man Geist nennt, in Gehirnverrichtungen bestehe und mit dem Gehirne aufhöre; die Seele aber soll im ganzen Organismus ihren Sitz haben, einen Theil der Weltseele ausmachen u. s. w. Aus diesen beigebrachten Vor-

---

*) Von Joseph Knabenbauer. (Ergänzungshefte zu den „Stimmen aus Maria-Laach.") Freiburg i. Br. Herder. 1878. — Selbstverständlich bezweckt das beigebrachte Citat nur die irrige Ansicht Jäger's der Theologie gegenüber zu kennzeichnen. In der Sache selbst kann das beigebrachte Zeugniß verschiedener Völker für das Dasein und die Unsterblichkeit der Seele nicht das Geringste beweisen, wie es auch nicht darthun würde, daß es eine Zauberei gebe oder die Erde feststehe, wenn sämmtliche uncultivirten Völker dafür Zeugniß ablegten. —

aussetzungen — die leicht hätten vermehrt werden können — erhellt mit Bestimmtheit, daß sie nur willkührlich ersonnen sind und nicht auf Thatsachen beruhen. In dieselbe Kategorie gehört auch die Annahme Jäger's über die Natur des Geistes. Dieser soll nicht nur unsterblich, sondern auch transscendent und seine Function die Vorstellung sein. Es wird also der sog. Geist als besonderes Wesen, ein offenbarer Dualismus, anerkannt, und überdies in einem Athemzug ein graver Widerspruch begangen. Der Geist soll transscendent, d. h. jenseits der Erfahrung liegen, so daß über seine eigentliche Natur auf empirischem Wege gar Nichts ausgesagt werden könne. Woher weiß nun Jäger, daß die Function des Geistes Vorstellung ist? Function im Sinne von Verrichtung oder Leistung ist immanent, empirisch, also genau das Gegentheil von transscendent. Aber auch abgesehen von dem Widerspruche in sich selbst, enthält der so kurz dahingestellte Satz noch zwei irrige Behauptungen. Die eine Behauptung, oben bereits angedeutet, besteht darin, daß die Abstraction „Geist" für ein reales, selbstständiges Wesen gehalten wird, das auch ohne den Körper der Existenz fähig sei. Die Abstraction verdankt ihren Ursprung dem Umstande, daß man gewisse Leistungen des Erkenntnißapparates nicht als solche begreifen konnte, wie die Leistungen anderer Organe als deren Verrichtungen, sondern ein eigenes Wesen dafür voraussetzte. Aus Convenienz wurden bestimmte Thätigkeiten geistige genannt und der Ausdruck beibehalten, obgleich längst mit Sicherheit bewiesen ist, daß es ebenso wenig einen Geist als selbstständiges Wesen ohne organische Vorrichtung gibt, wie eine Bewegung ohne Bewegungsapparat. Die Definition des Geistes enthält fast dieselben einzelnen Merkmale, wie auch die der Seele. Der „Geist" soll sein: ein denkendes, wollendes, immaterielles, einfaches, keinen Raum füllendes, unzerstörbares 2c. Wesen. Sämmtliche Bestimmungen reichen nicht zur Wirklichkeit herab, folglich ist für das Dasein eines solchen definirten Wesen nicht die geringste Bürgschaft gegeben. — Die zweite irrige Behauptung ist die, daß das Wesen der Vorstellung transscendent sein soll. Vorstellung aber darf an und für sich ebenso wenig für transscendent, metaphysisch, gehalten werden, wie andere Verrichtungen des Erkenntnißapparates dafür gelten. Bei jedem, selbst dem einfachsten Geschehen in der unorganischen Natur, um so mehr sonach bei den complicirten Thätigkeiten der höheren Organismen gelangen wir zuletzt auf einen Punkt, wo die weitere Erklärung eine unübersteigliche Schranke findet, d. h. die Transscendenz oder Metaphysik beginnt. Was demnach an der Vorstellung transscendent genannt werden darf, kommt ihr nicht als eigenthümliche sie auszeichnende Eigenschaft zu, sondern jede Veränderung, jede Thätigkeit bietet am Ende etwas dar, was jenseits der Erfahrung liegt, also transscendent ist. Die Vorstellung erweist sich nicht mehr und nicht weniger transscendent, als die Empfindung, die Wahrnehmung u. s. w. Der Satz Jäger's: das Wesen der Vorstellung ist und bleibt transscendent, kann daher auf Richtigkeit keinen Anspruch machen.

Wie es Verfasser nicht gelungen ist, seine Entdeckung zu begründen, so kann auch die aufgestellte Unterscheidung zwischen Seele und Geist unmöglich sich behaupten. — Ich darf die hier entwickelte Ansicht über die Unsterblichkeit des Geistes nicht verlassen, ohne noch auf die Consequenz hinzuweisen, daß Spiritisten für Fortsetzung ihres Spukes sich darauf berufen können.

Bei den Prioritätsansprüchen seiner Entdeckung erweist sich Jäger übertrieben großmüthig. An Moses glaubt er schon einen Theil der Priorität abtreten zu müssen, weil dieser erklärt habe: „die Seele stecke im Blute". Ein sprachkundiger Theologe hat mich belehrt, daß die Stelle in richtiger Uebersetzung heißen müsse: „das Blut ist das Leben". — Die Erfahrung, daß Thiere und Menschen sich verbluteten, war zu allen Zeiten leicht zu machen. Was Wunder, daß man die eigentliche Lebensessenz im Blute suchte. Da aber die meisten Menschen ohne Blutung aufhören zu leben, so gerieth man auf die Voraussetzung, es müsse ein flüchtiges, dunstförmiges Princip den Körper verlassen haben, wodurch die auffallenden Unterschiede zwischen den Lebenden und Todten entstehen. Der über dem frisch entleerten Blute sich bildende Dunst wurde für das gehalten, was auch bei anderen Todesarten unsichtbar aus dem Körper entweiche und ihn so als todt zurücklasse. Es wurde diese Anschauung noch ergänzt durch die weitere in derselben Urkunde enthaltene Annahme, daß der Schöpfer dem aus Thon nach seinem Ebenbilde geformten Menschen Athem (Seele, Geist), eingehaucht habe. Das das Leben bewirkende und unterhaltende Etwas war jedenfalls in flüchtiger Form gedacht und wurde deutsch „Seele" genannt. Es geht hieraus hervor, daß unser Verfasser an Moses gar nichts von seiner Entdeckung abzutreten hätte, wenn ihm eine solche gelungen wäre.

Carus hat allerdings in seiner mystischen naturphilosophischen Ausdrucksweise eine der Jäger'schen nahekommende Ansicht geäußert. Wenn aber Carus im Allgemeinen von „Seele" spricht, so kann man nicht wissen, welche von seinen sechs vorausgesetzten Seelen gemeint ist*). Wie man sieht, ist Carus hierin noch über Aristoteles hinausgegangen, der sich doch mit der Annahme von vier verschiedenen Seelen begnügt. Die von Jäger betonte Unterscheidung Carus' zwischen Seele und bewußtem Geist will nicht viel bedeuten, da der Unterschied sich nur von einer auf die andere Seele bezieht. Gerade die Qualification dieser verschiedenen Seelen beweist gleichfalls schlagend, — wenn es noch eines Beweises bedürfte — daß es

---

*) Vergleichende Psychologie oder Geschichte der Seele in der Reihenfolge der Thierwelt. Von K. G. Carus. Wien 1866. — C. unterscheidet folgende Seelenstufen: 1. Anima vegetativa oder Animula. Diese bildet im Menschen den unbewußten Seelenkeim ꝛc. 2. An. reproductiva, beim Menschen „unbewußte Embryoseele", bei den Thieren „seelische Lebensmitte höherer Oozoön." 3. An. sensitiva, beim Menschen „unbewußte Seele des Neugeborenen mit dämmerndem Bewußtsein" ꝛc. 4. An. activa, „unbewußte Seele des Säuglings" ꝛc. 5. An. reflectiva, „Weltbewußtsein des kleinen Kindes mit aufsteigendem Selbstbewußtsein"; Weltbewußtsein der höheren Hirnthiere. Endlich 6. An. cogitativa, „nur als Menschenseele verwirklicht".

ebenso wenig eine anima cogitativa (denkende Seele) als selbst=
ständiges Wesen gibt und geben kann, wie eine an. vegetativa
(das Wachsthum befördernde Seele) und alle dazwischen liegen=
den Stufen von Seelen. In allen diesen Verhältnissen zeigt
sich klar, daß sämmtliche vorausgesetzte Seelen nur den orga=
nischen Gebilden inhärirende Kräfte sind, welche sich nach dem
Zerfalle jener auf andere Weise äußern, d. h. als selbstständige
Wesen unmöglich bestehen können. Die denkende Seele,
welche mit Jäger's vorausgesetztem Geist identisch ist, darf
ebenso wenig als unsterblich betrachtet werden, wie die an. vege=
tativa, welche früher Lebenskraft hieß. — Im Ganzen muß
ich Jäger beistimmen, daß das Verdienst von Carus bei der
Entdeckung der Seele nicht hoch anzuschlagen ist und zwar aus
dem einfachen Grunde, weil es überhaupt eine Seele als beson=
deres Wesen nicht gibt und nicht geben kann, also Jäger's ver=
meintliche Entdeckung auf einer Täuschung beruht.

Die von Carriere beigebrachten Stellen aus Carus und
Goethe sprechen für seine große Belesenheit. Aus den Stellen
geht aber nur so viel hervor, daß die genannten Autoren ver=
schiedenen Individuen eigenthümliche Gerüche zuschreiben, daß
aber in diesen Gerüchen sich die Seelen manifestiren sollen,
daß es überhaupt Seelen gibt — dafür folgt daraus gar
nichts. —

Wäre Jäger zu dem Resultate gelangt: die Annahme einer
Seele als besonderen Wesens ist ein blauer Dunst, der
seit Jahrtausenden der Menschheit vorgemacht wird, so würde
ich ihm vollkommen beigestimmt haben. Mit der Bezeichnung
der verschiedenen aus Eiweißzersetzung hervorgehenden Düfte als
Seelen hat er wahrlich der Wissenschaft und der Aufklärung
keinen Dienst erwiesen, nicht nur keinen Fortschritt angebahnt,
sondern sogar dem Rückschritt und Vorurtheil Vorschub geleistet,
indem er den allein richtigen und zur Wahrheit führenden
Standpunkt verlassen und zu unerlaubten Hypothesen seine Zu=
flucht genommen hat.

Fahren wir jetzt nach dieser langen, aber nothwendig gewordenen Einschaltung in der Besprechung Carriere's fort.

Mußte dieser von seinem Standpunkte aus gegen Haeckel und Jäger sich meistens polemisch verhalten, so findet er bei Betrachtung der folgenden Schriften eine Unterstützung der von ihm entwickelten Ansichten. Allein solche Werke, welche, geringe Modificationen abgerechnet, für die Nothwendigkeit der Beibehaltung eines besonderen, außer dem Erkenntnißapparat vorhanden sein sollenden Wesens eintreten, sind sehr zahlreich, und beweist es von Seite Carriere's eine gewisse Genügsamkeit, wenn er nicht noch mehr Hilfstruppen in Anspruch nimmt. Wenn aber Hunderte von demselben Vorurtheil geblendet, von denselben falschen Voraussetzungen ausgehen und am Ende ihrer Untersuchungen zu demselben unrichtigen Ergebniß gelangen; so kann und wird daraus ebenso wenig eine Wahrheit werden, wie die Lehre des Copernicus dadurch umgestoßen wurde, daß eine große Zahl von Schriften das Feststehen der Erde beweisen wollte und ein unlängst verstorbener Geistlicher in unseren Tagen es noch behauptete. Wenn man bedenkt, welchen Sturm der Entrüstung die neue Lehre bei den Wortgläubigen der Bibel hervorgerufen, welche strenge Strafen die erdulden mußten, welche der Beobachtung und deren Verwerthung durch die Vernunft mehr vertrauten als den Dogmen; so darf man sich nicht darüber wundern, daß das Leugnen des Daseins einer Seele auf so zahlreiche und hartnäckige Opposition stößt und zwar nicht allein bei Geistlichen, sondern auch bei Philosophen und selbst Naturforschern, denen der Wille fehlt von den Fortschritten der Naturwissenschaften und der Physiologie den richtigen Gebrauch zu machen. Erklärt sich doch Carriere offen als Zionswächter, indem er durch die Fortschritte des sog. Materialismus das Sittengesetz und die Religion gefährdet glaubt! —

Von den zur Unterstützung seiner Ansicht herangezogenen Autoren wählt Carriere zunächst O. Flügel. (Zur Seelenfrage.) Schon in einer früheren Arbeit über dieses Thema hat Flügel die Hypothese aufgestellt, daß die Seele ein immaterielles Atom sei. Den wichtigsten Grund, warum das Gehirn allein nicht der Träger der geistigen Thätigkeiten sein könne, glaubt er in dem raschen Stoffwechsel des Organs suchen zu müssen. Dagegen habe ich schon im Jahre 1866*) gezeigt, daß die Seelenhypothese Flügel's kaum eine Widerlegung verdient. Was vermag in der That ein Atom und dazu ein immaterielles Atom — einen Augenblick von der Unzulässigkeit einer solchen Hypothese ganz abgesehen — zu leisten? Was ist ein Atom gegen das formenreiche, feingebaute menschliche Hirn? Daselbst habe ich gleichfalls die ganze Werthlosigkeit des auch von Anderen so oft gebrauchten Einwandes gegen die monistische Erkenntnißlehre nachgewiesen. Nachdem feststeht, daß die Verrichtungen der Werkzeuge so lange ungestört ihren Fortgang nehmen, als ihre Ernährung normal bleibt, so ergibt sich mit Bestimmtheit die Hinfälligkeit des Einwurfs. Das entsprechende Ernährungsmaterial des Gehirnes dürfte noch häufiger wechseln, ohne dessen Functionen zu beeinträchtigen, wenn nur die Formen ihre Integrität bewahren. Wie sämmtliche andere Organe bei normaler Ernährung ihre Verrichtungen vollziehen ohne durch den Wechsel des Nährmaterials daran gehindert zu sein, so auch das Gehirn. Warum will man gerade wieder bei dem Erkenntnißapparate eine Ausnahme machen und ihn zu seinen Leistungen deßhalb für unfähig halten, weil die zur Ernährung dienenden Stoffe wechseln? Es ist wirklich traurig, daß man eine so einfache, bei einigermaßen unbefangener Beobachtung sich aufdrängende Wahrheit so oft wiederholen muß.

Wie die früheren Einwände Flügel's gegen die monistische Erkenntnißlehre erweisen sich auch die jetzigen unhaltbar, wenn auch Carriere zustimmend referirt. Wenn die Behauptung einfließt, das Gehirn könne nicht allein Träger und Ursache des Geistes sein, so ist wiederum auf den unrichtigen Gebrauch von

---

*) Zur Seelenfrage. Mainz. V. v. Zabern.

Ursache hinzuweisen. Gehirn und Verrichtung stehen nicht in dem Verhältniß wie Ursache und Wirkung. Die auf einander folgenden, causal verknüpften, also nothwendigen Veränderungen eines Dinges heißen richtig Ursache und Wirkung, und zwar in der Art, daß letztere der Zeit nach der ersteren folgt. Die Wirkung wird zur Ursache einer folgenden Veränderung, wie die Ursache ihrerseits die Wirkung einer vorhergehenden Ursache war und so fort vorwärts wie rückwärts ins Unendliche, so daß weder von einer ersten Ursache noch von einer letzten Wirkung die Rede sein kann. Das Gehirn ist der Träger von Kräften, vermöge deren die Thätigkeiten zu Stande kommen, welche dem Sprachgebrauche nach die geistigen genannt werden, und bis diese sich äußern, muß eine Reihe von causalen Veränderungen vorangehen. Es ist sonach gar nicht am Platze, das Causalverhältniß hier anzuwenden und das Gehirn als Ursache des Geistes zu betrachten, resp. nicht zu betrachten. Doch das gleichfalls nur beiläufig.

Daß aber auch das Gehirn allein nicht der Träger der sog. geistigen Thätigkeiten sein könne, ist ein schwerer Irrthum. Das Gehirn verhält sich zu seinen Verrichtungen, wie jedes andere Organ zu den seinigen. Was in dieser Hinsicht unumstößlich feststeht, läßt sich, wie schon mehrfach erörtert, kurz in folgender Weise ausdrücken. Jedes Protoplasmaklümpchen, jede Celle, jedes Organ, einfach oder zusammengesetzt, trägt in sich selbst die Fähigkeit zu seiner Leistung ohne Mithilfe oder Dazwischenkunft eines anderen Etwas, das nach dem Zerfall der Celle, des Organs u. s. w. sich von ihm zu trennen und eine besondere Existenz zu führen im Stande wäre. Vom Gehirne, resp. dem gesammten Erkenntnißapparat verlangt man einfach dasselbe, nichts mehr, aber auch nichts weniger. Warum sollte das wunderbar geformte Gehirn durch die ihm vermöge eigenthümlichen Baues und eigenthümlicher Zusammensetzung inhärirenden Spannkräfte nicht allein seine eigenthümlichen Leistungen vollbringen können, wie jedes andere Organ gleichfalls allein die ihm zukommenden Verrichtungen vollbringt? Nur Unkenntniß, Vorurtheil oder was sonst immer kann Jemanden zur Verneinung dieser Frage, d. h. zur Begehung der größtmöglichen Inconsequenz bestimmen. Die Thatsachen liegen in Hülle und Fülle vor, der Schluß daraus ergibt sich mit Nothwendigkeit; wer diesen trotz dessen nicht zieht, befindet sich auf falschem Wege, wenn er auch mit noch mehr gelehrten Floskeln um sich wirft. Eine weitere Hypothese, um die Thätigkeiten der Erkenntnißwerkzeuge zu begreifen, welche nach Analogie des Lichtäthers nöthig sein soll, ist ganz unzulässig. Man dürfte höchstens einen Gehirnäther, aber kein von den Organen getrenntes Wesen voraussetzen.

Die Berufung auf naturkundige Denker wie Lotze und Wundt von Seite Flügel's kann gleichfalls nicht viel nützen. Daß die Demonstrationen Lotze's auf spitzfindigen Sophismen beruhen, habe ich hinreichend gezeigt, und muß ich zu dem Ende auf die Erörterungen hierüber sowohl in meinem Werke „Zur Verständigung über Materialismus und Spiritualismus" (1861), wie auch in meiner jüngsten Arbeit (Die Lehre von der Erkenntniß) verweisen. Was Wundt betrifft so hat er im Laufe der Jahre seine Ansicht über die Seele geändert. Während der genannte Autor früher die Behauptung aufstellte, die Psychologie sei in der glücklichen Lage, eine Erfahrungsthatsache an die Spitze ihrer Untersuchungen stellen zu können, und diese Erfahrungsthatsache sei die Seele als ein aus sich selber heraus nach logischen Gesetzen handelndes und sich entwickelndes Wesen; während er ferner behauptete, daß man in der Betrachtung des Seelenlebens von den Gesetzen logischer Entwickelung ausgehen müsse, wie für das körperliche Leben die Celle den Ausgangspunkt der Betrachtung bilden müsse; zu gleicher Zeit aber für sich das Verdienst beanspruchte, die Psychologie durch das Experiment gefördert und zum ersten Male das Gesetz von der Erhaltung der Kraft dabei verwerthet zu haben ꝛc.: kommt endlich im 1. Theile seiner „Physiologischen

Psychologie" die richtige Ansicht bei ihm zum Durchbruche, daß kein Grund vorliege, bei den physiologischen Vorgängen fremdartige in den Zusammenhang dieser Vorgänge eingreifende Kräfte (**Seele**) zu Hilfe zu nehmen. So sehr ich bedauerte, die oben angedeuteten und anderen Ansichten von meinem Standpunkte aus bekämpfen zu müssen, was in meinem Werke: „Zur Seelenfrage" (S. 320 bis 352) geschehen ist; so sehr freute es mich, daß er in einem wesentlichen Punkte mit mir übereinstimmte und im Princip zu der von mir vertretenen monistischen Erkenntnißlehre gelangte. Indessen dauerte die Freude nicht lange, denn im 2. Theile desselben Werkes bemüht er sich das von ihm selbst bei den physiologischen Vorgängen als mitwirkend zurückgewiesene Wesen genau zu definiren. Er meint, die Seele sei eine Einheit, aber diese Einheit beruhe nicht auf der Einfachheit ihrer Substanz, sondern vermuthlich auf einem Zusammenhange vieler einfacher Wesen. — Weiter sagt Wundt, die durchgängige Wechselwirkung zwischen Seele und Leib führe nothwendig zu der Vorstellung, daß die Seele das innere Sein der nämlichen Einheit sei, den wir äußerlich als den zu ihr gehörigen Leib anschauen. — Solche Widersprüche springen ohne Commentar in die Augen. Während er im 1. Theile als Physiologe die richtige Ansicht ausgesprochen, fällt er in dem bald darauf erschienenen 2. Theile desselben Werkes wieder zu dem alten Irrthum zurück und verleugnet als Philosoph den physiologischen Standpunkt. Wie kann es einem Physiologen, der consequent bleibt und die richtige Methode befolgt, einfallen, von der Wechselwirkung zweier Dinge zu sprechen, wovon das Eine durch keinerlei Wirksamkeit seine Existenz verräth, also blos ein Gedankending ist? — Jedoch davon und vielem Anderem abgesehen, wäre den strengen Spiritualisten mit der definirten Seele, die wie der Leib eine Einheit ausmachen soll, gar nicht gedient. Nach der oben angeführten philosophischen Phrase sagt Wundt wörtlich weiter: „An die herrschenden Organe des Leibes, die Centralorgane des

Nervensystems sind auch die Aeußerungen der Seele gebunden". Was heißt aber das in der Sprache der Physiologie? Folgendes: was man als Aeußerungen eines besonderen Wesens betrachtet, besteht in den Verrichtungen der Erkenntnißwerkzeuge, da kein Grund vorliegt, bei physiologischen Vorgängen **fremdartige Kräfte (Seele) eingreifen zu lassen** *).

Ebenso wenig wie die naturkundigen Denker, können die angerufenen denkenden Naturforscher zur Begründung des Standpunkts Flügel's etwas beitragen. Niemand behauptet ja, daß Ortsveränderung und Empfindung identisch seien; aber keiner der citirten Autoritäten darf zugeben, daß Empfindung ohne Molecularbewegung gewisser Hirnpartien zu Stande kommen kann, noch auch, daß dabei keine Kraft ausgelöst wird. Mögen Denker noch so naturkundig, Naturforscher noch so denkend sein, so dürfen sie doch nicht gegen die Gesetze der Natur und des Denkens verstoßen. Das würden sie aber thun, wenn sie auf die Petitiones principii, d. h. Scheinbegründungen, eingingen, daß die Seele die Empfindung in sich hervorbilde, daß der Träger der geistigen Zustände dem Stoffwechsel entzogen sein müsse u. s. w. — Dabei stellt man gar nicht in Abrede, daß die Empfindung eine fundamentale Thatsache der Beobachtung ist. Nur bleibt immer die Frage, wie sie entsteht, und da kehrt der bedeutungslose Einwurf beständig wieder, Empfindungen müßten in einem Ich, könnten aber nicht in verschiedenen Zellen (oder Atomen!) zu Stande kommen. — Daß Empfindung und sämmtliche andere zur Erkenntniß mitwirkenden Thätigkeiten auf eigenthümlichen **inneren** Veränderungen beruhen, geben ja alle Monisten zu, daß aber diese im Inneren sich abspielenden Vorgänge eine Ausnahmestellung in der gesammten Biologie einnehmen sollen, kann Niemand zugeben, der nicht dem Glauben

---

*) Auf die von Wundt gelieferte Besprechung meines Werkes „Die Lehre von der Erkenntniß" — die darin enthaltenen Mißverständnisse und irriger Weise mir zugeschriebenen falschen Ansichten werde ich bei anderer Gelegenheit bald zurückkommen.

an Wunder in der Natur verfallen ist. — Schließlich die Bemerkung: Flügel's Beweisführung wird nur den überzeugen, der sich selbst von der Wahrheit sehr entfernt hat. —

Die letzte Arbeit, welche Carriere zur Unterstützung seiner eigenen Ansicht heranzieht, ist die von Johannes Huber: „Das Gedächtniß." — Man darf von vorn herein annehmen, daß die genannte Schrift mannigfaltige Belehrung bietet und auch gut geschrieben ist. Früher habe ich in meinen verschiedenen Arbeiten eine Reihe von Werken gemustert, welche sämmtlich die genannten Vorzüge besitzen, aber dessenungeachtet für die Existenz einer Seele gar nichts beweisen. Als Endergebniß der vorliegenden Schrift hebt der Kritiker hervor: Die Seele sei nicht naturlos, aber ebensowenig eine Function vieler selbstlosen materiellen Atome, sondern eine in sich einheitliche Kraftwesenheit, eingegliedert in das System der Kräfte u. s. w. — Immer wieder der falsche Gegensatz zwischen Atomen und einer für sich bestehenden Kraft. Nach den vorhergehenden Erörterungen glaube ich hierüber mit Stillschweigen hinweggehen zu sollen. Nur noch einige Bemerkungen gegen Autor wie Kritiker scheinen mir gerechtfertigt zu sein.

Wer die Leistungen des Erkenntnißapparates von den niedersten Lebewesen bis zu den höheren Thieren und den Menschen selbst mit Aufmerksamkeit und Sachkenntniß verfolgt und nicht überall die volle Uebereinstimmung der bedeutenderen wie mannigfaltigeren Leistungen mit der vollkommeneren Organisation des Apparates findet, der gleicht Jemandem, welcher am hellen Tage das Licht leugnet. Anders ausgedrückt: Wer nicht einsieht, daß, welcher Thätigkeit des Organismus wir auch gegenüber stehen, wir es überall nur mit Werkzeugen und deren Verrichtungen ohne Dazwischenkunft eines irgendwie gearteten Wesens zu thun haben, der ist durch eine falsche Lehre, gleichviel woher sie stammt, irregeleitet. Man wende dagegen nicht ein, daß es unter den Naturforschern, Biologen u. s. w. manche gibt, die sich in verschiedenen Zweigen der von ihnen cultivirten Wissenschaften wirkliche Verdienste erworben, dennoch aber für das Dasein einer Seele ihre Stimme erhoben haben. Das verhält sich wirklich so, ändert aber an dem abgegebenen Urtheil nicht das Geringste. Entweder sind derartige Naturforscher in diesem Punkte noch nicht zur vollen Klarheit gelangt, oder sie finden ein besonderes Behagen daran, sich bisweilen von den beengenden Schranken der Wirklichkeit und Erfahrung zu befreien und im kühnen Fluge ihrer Phantasie zu den ätherischen Regionen der Metaphysik zu erheben, oder endlich sie huldigen nach dem Ausspruche des seeligen Rud. Wagner einer doppelten Buchhaltung.

Fasse ich ganz speciell noch das Ergebniß Huber's in das Auge, dahin lautend, daß gewisse Cellengruppen nicht die Träger des Gedächtnisses, d. h. nicht der Reproduction früher gehabter Eindrücke fähig sein sollen, so darf ich ganz einfach an die zahlreichen Beobachtungen von Aphasia amnestica (Verlust der Sprache durch den des Wortgedächtnisses) hinweisen, wo die um die Insel Reil's liegenden Cellengruppen in ihrer Ernährung beeinträchtigt sind. Also auch bei solchen die Menschen vor den verständigsten Thieren auszeichnenden Leistungen finden wir Organ und Verrichtung in vollem Einklang: diese gestört oder ganz aufgehoben bei Beeinträchtigung oder gänzlicher Aufhebung der Ernährung jener. Von einer einheitlichen Kraftwesenheit, welche Huber für das Zustandekommen des Gedächtnisses postulirt, die zwischen den bestimmten Cellengruppen — wohl verstanden: nicht selbstlosen Atomen — und deren Leistung vorhanden sein soll, ist ebenso wenig hier, wie anderwärts Raum. Auf den vielfach in Anspruch genommenen Vergleich, daß die sog. Seele sich der organischen Vorrichtung bediene, wie ein Künstler des Instruments, wie ein Reiter des Pferdes u. s. w., die sog. Claviertheorie, näher einzugehen, dürfte nach allen vorhergehenden Erörterungen überflüssig sein. Davon abgesehen, daß ein Vergleich eigentlich nichts lehrt, sind in dem vorliegenden Falle die verglichenen Dinge ganz heterogen.

Künstler und Instrument, Reiter und Pferd sind wirklich existirende Gegenstände, während die vorausgesetzte Seele, welche sich der Organe bloß bedienen soll, nur begrifflich festgestellt, deren Existenz daher nicht bewiesen und nicht beweisbar ist u. s. w.

Es erübrigt noch, mich schließlich von Carriere selbst zu verabschieden.

Offenbar beabsichtigte er durch Veröffentlichung des Artikels in einem viel gelesenen und über die ganze cultivirte Erde verbreiteten Blatte dem Leser den jetzigen Stand der Wissenschaft in dieser hochwichtigen Frage zu bezeichnen. Durch Besprechung einiger Werke, welche die Frage in verschiedenem Sinne behandeln, kann aber der Zweck unmöglich als erreicht betrachtet werden. Die Darstellung gibt kein richtiges Bild über den Stand der Frage, indem sie nur die beiden sich gegenüber stehenden Extreme berücksichtigt: auf der einen Seite Haufen von Atomen, auf der anderen ein vorausgesetztes geistiges, mit verschiedenen Eigenschaften, je nach Bedürfniß, ausgerüstetes Princip. Der eine Standpunkt ist so einseitig wie der andere und eben deßhalb sind beide falsch. Der dazwischen liegende allein zur Wahrheit führende Mittelweg ist Carriere entweder unbekannt geblieben oder absichtlich von ihm verschwiegen.

Bevor irgend eine Untersuchung, worauf sie sich auch erstrecken mag, ein sicheres Resultat ergeben kann, muß zuerst festgestellt werden, auf welche Weise überhaupt der Mensch zum Wissen gelangt, mit anderen Worten: wie er erkennt. Die Erkenntnißlehre zeigt nun mit unumstößlicher Sicherheit, daß nur Anschauungen zum Fundament alles Wissens sich eignen, alle Abstractionen dagegen aus Wahrnehmungen der wirklichen Welt stammen müssen, wenn sie etwas lehren sollen. Außer der richtigen logischen Verknüpfung der Urtheile muß jeder in diesen enthaltene Begriff die Probe bestehen, ob das damit Bezeichnete durch Anschauungen belegt werden kann oder nicht. Bestehen die Definitionen wieder aus Begriffen, wenn auch von weniger Allgemeinheit, aber nicht bis zur Wirklichkeit herabreichend, so schwebt gewissermaßen Alles in der Luft, und lohnt es sich gar nicht der Mühe, das Dargestellte auf die innere richtige Verbindung zu prüfen, weil die anschauliche Grundlage fehlt und damit auch jede Bürgschaft für die Wahrheit des Inhalts. So gibt es in der Litteratur zahlreiche Schriften, welche meistens Begriffe enthalten, deßhalb gar nichts lehren, wenn sie auch Unkundigen durch Eleganz des Vortrags und richtigen Zusammenhang imponiren. Mag man daher irgend ein vorausgesetztes Wesen, wofür ja jede einigermaßen entwickelte Sprache Worte leiht, noch so genau definiren, ihm verschiedene Eigenschaften ab- oder zusprechen, so ist doch für die Existenz eines solchen Wesens gar nichts bewiesen, bis dessen Eigenschaften in der Wirklichkeit dargethan werden. Carriere's reales, denk- und willenfähiges, einheitliches, sich selbst erfassendes 2c. Wesen, Princip, Selbst, Ich u. dergl. — gehört ganz in diese Kategorie. Wie häufig auch die genannten Ausdrücke zur Bezeichnung eines solchen imaginirten Wesens gebraucht, welche Attribute ihm auch beigelegt werden, für das Dasein eines solchen Wesens ist dadurch auch nicht der Schatten eines Beweises geliefert. Wenn er wähnt mit den aufgebotenen Definitionen den verlangten Beweis für die Existenz einer Seele gegeben zu haben, so täuscht er sich selbst und Andere.

Ein Wesen, auf dessen Namen ja nichts ankommt, das ein unveränderliches Selbst 2c. ausmachen, sich zu seiner Wirksamkeit der organischen Vorrichtungen nur bedienen, ja sogar diese formen, nach deren Zerfall selbstständig fortexistiren soll, gibt es nicht, und kann das Dasein eines solchen Wesens unter keinen Umständen zugegeben werden, ohne gegen ein feststehendes Naturgesetz zu verstoßen. Um die Wahrheit des Gesagten einzusehen, bedarf es nur des Hinweises auf die obige Erörterung über das Verhältniß der Kräfte zu ihren Trägern. Daselbst wurde dargethan, daß man von den verschiedenen Erscheinungen auf verschiedene Kräfte zu schließen genöthigt ist, daß die Kräfte von ihren Trägern in Wirklichkeit untrennbar, nur in Gedanken trennbar sind. Ferner wurde gezeigt, daß die Eigenthümlichkeit

der organischen Phänomene auch zur Voraussetzung eigenthüm=
licher Kräfte in den Organismen zwingt. Aber weder in der
unorganischen, noch in der organischen Natur dürfen die Kräfte
außerhalb ihrer Träger, außerhalb ihrer Werkzeuge, sondern
nur in ihnen gesucht werden. Bei dem Erkenntnißapparate
(Gehirn und Sinnesorganen) muthet man uns auf einmal zu,
die Fähigkeiten für ihre Leistungen (Spannkräfte) nicht nur
außerhalb der Organe zu suchen, sondern auch als für sich existi=
rende und den Zerfall der Organe überdauernde Wesen zu be=
trachten. Wer nicht einsieht, daß alle dahin zielenden sein sollen=
den Beweise nur in leerem Gerede, hohlen Prasen bestehen, der
ist entweder einer jeden wissenschaftlichen Belehrung unfähig,
oder verschließt sich absichtlich den überzeugendsten Gründen,
steht, vielleicht ohne es sich selbst einzugestehen, anstatt auf dem
Boden des Wissens auf dem des Glaubens.

Ebenso wird jeder leicht einsehen, daß der auf dem ent=
gegengesetzten Extrem stehende Versuch Jäger's, wirkliche Seelen=
stoffe zu entdecken, gänzlich mißlingen mußte. Schon der Ver=
such dazu enthält die Anerkennung eines unerlaubten Dualis=
mus. Durch die Unterscheidung zwischen Seele und Geist, die
Annahme, daß jene sterblich, dieser unsterblich sei, ist der
Dualismus nicht überwunden, sondern erst recht anerkannt, wie
oben hinreichend gezeigt. Ob ein solches Wesen, das vom Organis=
mus trennbar sein, dessen Zerfall überdauern und selbstständig exi=
stiren soll, Seele oder Geist oder noch anders benannt wird,
— macht in der Hauptsache keinen Unterschied. Der versuchte
Beweis für das Dasein eines Etwas, das nicht vorhanden ist,
kann weder durch leere Abstractionen, noch durch vorausgesetzte
Stoffe geliefert werden, sondern muß ebenso sicher mißlingen,
wie die Quadratur des Cirkels.

Es dürfte wohl überflüssig sein, das Vorstehende gegen das
Mißverständniß zu vertheidigen, als sollte damit behauptet
werden, daß die Physiologie der Erkenntnißorgane zu ihrem
Abschlusse gediehen sei. Das läßt sich von viel einfacheren Her=

gängen der Organismen mit Recht nicht behaupten, um so weniger demnach von den ungleich complicirteren Verrichtungen des Gehirnes und der Sinneswerkzeuge. Nur der einzuschlagende Weg der Untersuchung ist der gleiche; unerlaubte Hypothesen, welche ausnahmsweise zu Hilfe genommen werden, müssen entschieden ausgeschlossen bleiben. Der Unterschied in dem, was bei der Erforschung der Leistungen des Erkenntnißapparates noch zu thun ist, von dem in anderen Hergängen des Organismus nur graduell.

Obgleich ich mich durch die vorliegender Arbeit gezogenen Grenzen auf die Grundprincipien der monistischen Erkenntnißlehre beschränken mußte, so wird doch jeder Unbefangene die volle Ueberzeugung von der unumstößlichen Richtigkeit derselben gewonnen haben, und folglich auch davon, daß die von Carriere mit Anderen noch vertheidigte dualistische Ansicht, sowie die so häufig von ihm betonte Alternative zwischen Atomhaufen und Kraftwesen gar keine Berechtigung hat. Wer die weitere Ausführung kennen zu lernen wünscht, den muß ich auf das citirte Werk (Die Lehre von der Erkenntniß 2c.) verweisen.

Carriere insbesondere sollte wissen, daß die Zeit für metaphysische Speculationen in der sog. Psychologie sowohl, wie anderwärts vorüber ist. Der Unterrichtete läßt sich in seinen Handlungen weder durch Aussicht auf Belohnung im Himmel, noch durch Furcht vor Höllenqualen bestimmen. Für solche — und das sind gerade diejenigen, für welche überhaupt geschrieben wird — bedarf es eines anderen Fundamentes für das sittliche Handeln, als das auf Dogmen gegründete. Derartige Arbeiten liegen bereits vor und deren Verfasser haben fürwahr sich eine viel würdigere Aufgabe gestellt, als die, welche sich bemühen, alte Traditionen mit dem buntschillernden Gewande der Metaphysik aufzuputzen.

Wie die monistische Erkenntnißlehre die dualistische sicher bald und auf immer verdrängen wird, so muß auch die dualistische Weltanschauung der monistischen weichen. Die Gefahren der durch Verbreitung dieser Lehre hereinbrechenden Gottlosigkeit bestehen gleichfalls nur in der Einbildung. Wer sich zu der Einsicht erhoben hat, daß die der Kindheit des menschlichen Geschlechtes entstammende Annahme eines extramundanen Wesens in menschlicher Gestalt, mit menschlichen Leidenschaften ꝛc. unhaltbar ist, von dem hat die Gesellschaft in keiner Weise etwas zu fürchten; er wird ein viel gottgefälligeres Leben (wenn der Ausdruck erlaubt ist) führen, als alle Augenverdreher, die vor einem Götzenbild in den Staub sinken. Von Geburt mit schlimmen Anlagen behaftete Individuen, welche trotz der mechanisch eingetrichterten Glaubenslehre zur Verbrecherlaufbahn getrieben worden wären, können durch guten Unterricht und gutes Beispiel wenigstens noch gebessert werden; wie oben bereits angedeutet.

Die monistische (gewöhnlich materialistisch genannte) Lehre darf unter keinen Umständen für solche aus moralischer Verkommenheit entspringende Handlungen verantwortlich gemacht werden. Richtig verstanden wird der Monismus viel eher dazu dienen, Vergehen und Verbrechen zu vermindern, als zu vermehren, also das Wohl der Gesellschaft fördern. In je weitere Kreise die Wahrheit bringt, desto mächtiger und nachhaltiger gestaltet sich der dadurch angebahnte Fortschritt. An dem endlichen Sieg der Wahrheit über den Irrthum ist ebenso wenig zu zweifeln, wie daran, daß das Licht die Finsterniß besiegt. Von jeher haben große Wahrheiten, welche tief eingewurzelten Irrthümern entgegen treten, mit mächtigen Hindernissen zu kämpfen gehabt, aber stets, wenn auch nur allmälig das Feld behauptet. So wird, so muß es auch hier gehen! —

Zu gleichem Verlage erschien:

G. Weihrich,

Die Ansichten der neueren Chemie.

Preis Mk. 1.20.

Das „Zarncke'sche Literar. Centralblatt" sagt darüber Folgendes: Der vielseitig unterrichtete und philosophisch geschulte Verfasser lenkt in vorliegender Schrift den Blick auf die Umwandlungen, welche die wissenschaftlichen Principien der Chemie erfahren haben, und betrachtet die heutige Stellung derselben, soweit es ohne genaueres Eingehen auf Specialitäten vom Standpunkte eines objectiven, aber auf's gründlichste mit der Wissenschaft vertrauten Zuschauers möglich ist. Es gelingt ihm, an wenigen für die Entwicklungsgeschichte bedeutungsvollen Streitfragen die Genesis unserer Ansichten darzulegen und ein übersichtliches Bild des Systems der heutigen Chemie zu schaffen. Ref. kennt keine Darstellung dieser Verhältnisse, welche in Bezug auf Objectivität, Einfachheit und Klarheit der Sprache, sowie auf Sachkenntniß, der vorliegenden auch nur annähernd gleich käme, und hofft, daß Naturforscher, Philosophen und Pädagogen derselben die ihr gebührende Aufmerksamkeit schenken werden. Kr.